国家出版基金项目
NATIONAL PUBLICATION FOUNDATION

大时代书系

主编◎厉以宁　艾丰　石军

中国新型城镇化理论与实践丛书

双创驱动
新型城镇化

陕西西咸新区发展模式研究

总 序

2012年11月，中国共产党第十八次代表大会提出，中国要推进“新型城镇化”。

2013年12月，中共中央召开了新中国成立以来的第一次城镇化工作会议。

2014年3月，中共中央、国务院印发了《国家新型城镇化规划(2014—2020年)》。

我国进入了新型城镇化重要时期。

习近平同志在中央城镇化工作会议上的讲话指出，推进新型城镇化是解决农业、农村、农民问题的重要途径，是推动区域协调发展的有力支撑，是扩大内需和促进产业升级的重要抓手，对全面建成小康社会、加快社会主义现代化具有重大的现实意义和深远的历史意义。李克强同志多次强调，新型城镇化是现代化的必由之路和必需之策。

到目前为止，成功实现工业化、城镇化进而达到现代化的发达国家，人口加起来总共约10亿。如果到21世纪中叶，中国城镇化率达到80%，转移人口将达到12亿左右，超过发达国家的人口总和，其规模之宏大和问题之复杂，在世界城镇化历史上是空前的。顺利完成中国城镇化，堪称中国历史发展的奇迹，也是世界发展史上的奇迹。

顺利推进新型城镇化，关键在于理论和实践的结合。它包括几个层次：

一是掌握城镇化的基本规律。

二是找到中国城镇化的特殊规律。

三是认识新型城镇化的内涵和要求。

四是根据以上认识，作出相应的决策，包括战略、规划、政策和措施。

五是在实施过程中，根据实践经验不断深化认识和改进操作。新型城镇化是一个新事物，没有现成的套路可以照搬，必须在理论和实践的结合中，不断前进。

本着为新型城镇化作出一份贡献的宗旨，特编辑出版了这套“中国新型城镇化理论与实践丛书”。

一、世界城镇化进程基本规律

世界城镇化已经有了260年的历史，贯穿了人类社会工业化和现代化的整个历程。其内在基本规律可以概括如下：

城镇化的基本矛盾是要素整合和空间配置的关系。社会生产力的发展靠要素整合，而要素整合离不开空间配置。要素整合和空间配置的互动互促，是城镇化的实质。

（一）六个要点

由此基本矛盾派生出城镇化基本规律的六个要点：

一个根据。劳动生产率。人类社会进步的基本动因是劳动生产率提高。工业靠人口的城镇聚集提高劳动生产率，农业靠减少农村人口提高劳动生产率。这是城镇化的基本根据。

二力协调。工业的拉力和农业的推力。农村人口转移是靠一拉一推实现的。而且，拉力和推力必须协调，两力不协调就会出现问题。

三个要素。人、业、地是城镇化的三个基本要素。人是核心，业是支撑，地是载体。所谓城镇化就是恰当运作这三个基本要素，以达到社会进步的目的。

四类主体。政府、企业、居民、智库。城镇化是这四类主体协作参与的社会工程。在发挥市场配置资源的决定性作用和更好地发挥政府作用的原则下，由政府统领，这四类主体各就各位、各尽所能、互相协作、形成合力，才能顺利推进城镇化。

五种杠杆。资源、资金、技术、文化、谋略。这些杠杆要素在城镇化的实施中，分别起着依托、融合、提升、活力、统筹的作用。

一个成果。现代化城镇体系建设。城镇体系包括宏观体系、中观体系、微观体系。城镇体系也包括实体体系、关系体系、文化体系。

（二）五项原则

分析世界各国城镇化经验教训，可以总结出五项原则：

1. **有序原则。**城镇化基本按照“地点转换，职业转换，身份转换”的顺序进行。

2. **同步原则。**城镇化进程要与产业支撑同步发展。

3. **渐进原则。**城镇化是一个自然发展过程，不可操之过急。

4. **匹配原则。**城镇化的模式要与国情相匹配。

5. **持续原则。**城镇化进程要可持续，城镇发展要可持续。

六个要点和五项原则，可以成为对城镇化规律的基础性认识。

二、中国城镇化历程

中国城镇化的伟大历史进程已经清晰地展现在我们眼前。

过去 65 年，中国城镇化走过了曲折发展的道路。

1. **新中国成立初期 10 年。**新中国成立初期 10 年，城镇化启动，城镇化率从 1949 年的 10.6%提高到 1957 年的 15.6%。

2. **1958—1978 年。**1958 年以后进入停滞期，到 1978 年，城镇化率达到 17.9%。20 年的时间城镇化率只提高 2.3%，城镇化速度年均 0.1%。

3. **改革开放以后至 2013 年。**改革开放以后，我国城镇化进程明显加快，到 2013 年已上升到 53.7%，年均城镇化速度在一个百分点以上。城镇常住人口从 1978 年的 1.7 亿增加到 2013 年的 7.3 亿，城市数量从 193 个增加到 658 个，建制镇从 2173 个增加到 20113 个。京津冀、长三角、珠三角三大城市群初步形成，西部和东北地区城市焕发出新面貌。

目前，我国城镇化正处在城镇化率 30%～70%的中期阶段，城镇化率为 53.7%，如果按户籍人口计算，城镇化率只有 36%左右，低于发达国家 80%以上的平均水平，也低于类似发展中国家 60%的平均水平。

4. **展望未来。展望未来，还有非常艰巨的任务。**《国家新型城镇化规划（2014—2020 年）》提出的目标是，到 2020 年，城镇化率达到 60%左右，户籍人口城镇化率达到 45%左右。

还可以设想，到 2030 年，城镇化率达到 70%左右，而后再用 20 年，即到 2050 年，城镇化率达到 80%左右，同时做好相应的调整和提高工作。

这就是说，新中国的城镇化将走过 100 年的历程，新中国成立 100 周年，将是中国城镇化基本完成之时，也是中国现代化程度达到中等发达国家水平之日，两者基本重合。

三、中国城镇化特色

如何理解中国城镇化的“特色”?

（一）在“大反差”的条件下进行

基于国情，中国城镇化是在“大反差”的条件下进行的。

1. **人口。**“总量多”和“人均少”之间的大反差。“人均少”往往形成硬制约。如我国 GDP 总量世界第二，但人均 GDP 排名在世界 100 名左右；耕地总量占国土面积的 13.5%，但人均耕地 1.4 亩，是世界平均水平的 40%。

2. **区域。**不同区域之间在自然环境、经济发展、人口聚集等方面的大反差。由黑河到腾冲划出的所谓“胡焕庸线”，东南侧占全国 43.18%的国土面积，集聚全国 93.77%的人口，产出 95.7%的 GDP。西北一侧占 56.82%的国土面积，集聚全国 6.23%的人口，产出 4.3%的 GDP。

3. **城乡。**城乡二元结构形成的大反差。劳动生产率方面，农村人口占全国人口将近一半，而农业的 GDP 贡献率只有 10%左右；农村居民和城镇居民购买力之比是 1∶3；城乡二元体制。

4. **城镇。**大城市、特大城市和中小城市、小城镇之间的大反差。大城市急剧膨胀，中小城市、小城镇容量不足。

5. **经济。**落后农业国的起点和现代化目标之间的大反差。面临传统工业化补课和现代化赶超的双重历史任务。飞船早已上天，还有几千万人没有解决温饱问题。

(二) 中国城镇化任务艰巨复杂

从国际比较看，中国城镇化任务非常艰巨复杂。

1. **转移人口总量大。**过去 65 年，城镇常住人口增加 5.6 亿，到城镇化基本完成时，累计转移农村人口 12 亿之众。这个数量是人类总人口的 1/6。

2. **区域发展不平衡。**目前我国东部城镇化率为 62.2%，中部城镇化率为 48.5%，西部城镇化率为 44.8%。三个不同区域城镇化所处阶段和面临的问题很不相同。由此出现了世界少有的区域人口大流动的现象。

3. **城镇模式多样化。**我国有人口稠密的地方，也有地广人稀的地方；有城镇密集的地方，也有城镇稀疏的地方。人均土地、人均资源、人均 GDP 的巨大差异，必然形成城镇模式上的多样化。中国各地各类城镇应该采取的模式可以说囊括了世界各国的各种模式。

4. **时间跨度比较长。**中国基本完成城镇化需要 100 年左右的时间。在世界各国中，这个时间跨度是比较长的，也是世界人口最多的国家城镇化所必需的。

5. **国际影响很深远。**在世界经济全球化的今天，世界最大的发展中国家的城镇化，其影响和意义必然超越国界。外国经济学家把中国城镇化看成推动 21 世纪世界经济发展的两大引擎之一，是有道理的。中国城镇化和世界经济发展的互动，成为必然。

(三) 城镇化进程中存在的六个“滞后”

立足当前，必须正视城镇化进程中存在的六个“滞后”。

1. **城镇化滞后于工业化。**我国第二和第三产业增加值占 GDP 的比重达到 90%，而城市人口和农村人口的比例是 54∶46，城镇化率低于同等工业化水平的国家。

2. **人口城镇化滞后于土地城镇化。**城镇化过程存在着重“物的城镇化”，轻“人的城镇化”的倾向。城市结构松散，占地过多，城镇用地增长快于人口容纳增长。

3. **城市建设滞后于城镇化速度。**城市基础设施、公用服务设施、城镇住房建设远不适应城镇人口增长。

4. **身份转换滞后于职业转换。**我国目前的城镇化率，按户籍人口计算是35%，按常住人口计算是53%，相差18个百分点。这意味着有2亿多农民工有待市民化。

5. **文化建设和生态建设滞后于实体建设。**城镇化中历史文化传承问题没有很好地解决，城镇的文化特色、地方特色、民族特色正在消失。城镇的环境污染越来越严重。

6. **城市管理滞后于城市发展。**城镇管理体制、城镇管理经验、城镇管理人才都还不适应城镇化的快速发展。

六个“滞后”说明，依靠劳动力廉价供给推动城镇化快速发展的模式难以持续，依靠粗放式消耗土地等资源推动城镇化快速发展的模式难以持续，依靠公共服务非均等化压低成本推动城镇化的模式不可持续。

四、“五位一体”的新型城镇化目标

所谓新型城镇化，就是落实科学发展观，体现工业化、城镇化、信息化、农业现代化“四化协调”和经济建设、政治建设、文化建设、社会建设、生态文明建设“五位一体”的城镇化。

具体来说，就是以人口城镇化为核心，以城市群为主体形态，以综合承载能力为支撑，以体制机制创新为保障，促进产业发展、就业转移和人口集聚相统一，走出一条以人为本、四化协调、集约高效、布局优化、生态文明、文化传承的中国特色的新型城镇化道路。

新型城镇化是基于中国城镇化的规律、适应新形势的要求、针对现存的主要问题提出来的。

可以用“三八原则”和“三五要点”具体解读新型城镇化。

（一）新型城镇化的“三八原则”

所谓“三八原则”即是：

1. **正确处理八个方面关系。**一是空间：正确处理城乡之间、不同区域之间、城镇之间、各类城区之间的关系；二是产业：正确处理产业发展和城镇化进程之间的关系和第一次产业、第二次产业、第三次产业之间的关系；三是要素：正确处理人、业、地、钱等各种要素之间的关系；四是居民：正确处理各种居民之间的关系，特别要保证不能损害农民的利益，逐步实现公共服务均等化；五是文化：正确处理传承和创新的关系，把现代化和历史文化传承统一起来；六是模式：正确处理统一和多样的关系，各个城镇既要遵循国家统一规划，又要从实际出发作出选择；七是进程：正确处理速度和质量的关系，新型城镇化必须注意条件匹配、质量优先；八是主体：正确处理政府、企业、居民之间的关系，正确处理“有形的手”和“无形的手”的关系，按照“政府引导，多方参与”的原则推进城镇化。

2. **符合八条基本标准。**一是城乡一体；二是以人为本；三是经济繁荣；四是城建现代；五是布局合理；六是文化发展；七是社会和谐；八是绿色低碳。

3. **运用八条操作要领。**一是以人口为核心；二是以产业为支撑；三是以环境做定位；四是以城建做载体；五是以土地为依托；六是以资金做杠杆；七是以制度做配套；八是以改革为动力。

强调以改革为动力，用改革的方法解决城镇化中遇到的各种问题很重要。处在社会转型期的中国，必须通过全面深化改革，克服思维、制度、体制、政策等方面不适应城镇化的制约和障碍，才能保证城镇化的顺利进行。

（二）新型城镇化的“三五要点”

所谓“三五要点”即是：

1. **抓住五个难点问题。**一是农民工市民化问题；二是土地问题；三是城镇住房和公共服务问题；四是资金问题；五是历史文化传承问题。

2. **抓住五个战略重点。**一是重视产业发展和城镇化互动。我国是发展中国家，经济建设是中心，经济发展是城镇化的支撑，城镇化是经济发展的结果，又必须促进经济持续发展。二是重视“城乡一体化”。在我们这样的农业大国，正确解决农村、农业、农民问题，在城镇化中占有特殊重要的地位。不能走牺牲“三农”的城镇化歧路。三是重视“就近城镇化”。充分发挥中小城市和小城镇的作用，就近转移人口，才能解决城镇人口容量问题、巨量人口流动问题和各类城镇人口分布严重不平衡的问题。中国把世界通行的“城市化”概念改为“城镇化”，就是出于这种考虑。四是重视现代化城镇体系建设。在宏观体系、中观体系、微观体系三个层次中，实施“中观突破”策略，把城市群建设作为城镇化的主体形态。五是重视“五位一体”。

在我们这样的发展中国家，城镇化进程中最容易出现的片面性是：重城镇建设，轻社会建设，不能及时解决新出现的城市“二元结构”问题；重经济效益，轻生态建设，不能及时解决环境恶化的问题；重现代化赶超，轻文化传承，不能很好解决文化建设问题；重实体建设，轻制度配套，不能适应城镇化管理的新要求。“五位一体”是根治这些病症的良药。

3. **抓住五种基本手段。**一是制定科学的系统的城镇化规划；二是建立“政府引导，多方参与”的运行机制；三是强化城镇化的法治保障；四是建立新型城镇化的评价体系；五是执行区别对待、分类指导的工作方针。

五、关于丛书出版

近年来，在党和政府的倡导下，我国一些党政机关、社会团体、研究机构、领导干部、专家学者和企业家，对新型城镇化已经做了很多研究，出了不少成果；国家立法机关和政府部门也在积极制定相关的规划，出台了不少相关政策和措施。新型城镇化已经出现了上下关注、多方献策的大好局面。特别是中央城镇化工作会议的召开和《国家新型城镇化规划

(2014—2020 年)》的发布，进一步明确了新型城镇化工作的方向和要求。

这些都为本丛书的编辑出版创造了良好的条件。

我们这套“中国新型城镇化理论与实践丛书”，意在强调理论和实践的结合，并希望能够通过丛书这种形式，集思广益、博采众长，集中归纳，突出重点，达到在认识上便于全面把握，在操作上又容易借鉴的目的。

本套丛书由三部分组成。

第一分册《中国新型城镇化概论》，是丛书的总论部分，全面论述了新型城镇化相关各个方面的基本问题。

第二分册到第五分册，是专论部分，分别就城乡一体化、人口问题、土地问题、资金和财税问题，做专门论述。

第六分册到第十分册，是实践操作部分，从全国选取不同类型的新型城镇化案例，每册对一个重点案例进行评介。

丛书采取开放形式，随着时间的推移，可能不断有新的分册加入。

鉴于新型城镇化的复杂性，社会上多有不同意见的讨论。本丛书提供的只是“一家之言”。如果本丛书能够对我国新型城镇化有所贡献，对新型城镇化的决策者和参与者有所帮助，那就是编者和作者最大的希望和欣慰了。

本丛书是艾丰经济发展研究院的一个重点策划项目，由于涉及内容广泛，篇幅比较浩大，有多位领导同志、专家学者和企业界朋友积极参与包括组织协调、讨论撰写、出版推广等各方面的工作。在此，主编者代表发展研究院向他们表示感谢。

目录
Contents

第一篇 Chapter One

双创驱动新型城镇化的理论研究

第一章 双创驱动新型城镇化的基本内涵 003

004 第一节 新型城镇化的进展和问题
004 一、新型城镇化的意义
007 二、新型城镇化推进过程中的问题
007 三、创新是解决问题的主要方法
011 第二节 双创的背景和意义
012 一、双创的时代背景
014 二、双创的作用和意义
018 三、创新的具体方向
020 第三节 城镇化邂逅双创是民族振兴的历史机遇
021 一、社会需求的变化
023 二、技术进步的变化
025 三、工业革命4.0的深远影响与双创的提出
027 四、双创对农业、农村、农民和新型城镇化的机遇

第二章 双创驱动新型城镇化的作用机制 032

032 第一节 产业创新动力机制
034 一、产业融合动因分析
036 二、“互联网＋”时代的高度产业融合
038 三、产业融合与新型城镇化关系
039 第二节 城镇化集聚模式创新
039 一、城镇化集聚类型

041 二、产业融合的新型城镇化集聚模式
043 三、“互联网+”时代的城镇理想

第三章 双创驱动新型城镇化的实现路径 045

046 第一节 农村双创的产业创新
046 一、农村产业发展轨迹
047 二、农村产业创新的历史机遇
048 三、农村产业创新特点
051 四、农村典型创新项目介绍
055 第二节 农村双创驱动新型城镇化的主体创新
056 一、为什么农民是创业者
059 二、农村创业的典型人群
061 三、农民创业的主要困难
062 第三节 农村双创的载体创新
062 一、创业园模式
064 二、产业小镇模式

第四章 双创驱动新型城镇化的制度创新 068

068 第一节 双创和新型城镇化的政策方向
068 一、双创制度创新的精神
070 二、城镇化制度创新的精神
073 第二节 双创驱动新型城镇化的制度创新
074 一、制度创新方向
076 二、制度创新内容
080 三、对农民创业者的具体扶持建议

第二篇 Chapter Two

西咸新区双创驱动新型城镇化的实践探索

第五章 西咸新区双创驱动新型城镇化的总体介绍 083

084 第一节 西咸新区简介
084 一、西咸新区发展历程
086 二、西咸新区总体思路
087 三、西咸新区工作进展
089 第二节 西咸新区双创驱动新型城镇化的路径
090 一、指导思想和初步成就
091 二、双创驱动新型城镇化实践路径

第六章 西咸新区双创驱动新型城镇化的具体实践 094

094 第一节 双创驱动新型城镇化的四大突破口
094 一、产业创新
095 二、载体创新
096 三、主体创新
097 四、制度创新
102 第二节 双创驱动新型城镇化的成果
102 一、振兴产业为就业提供保障
103 二、推进户籍和社保制度改革
104 三、提高城乡公共服务水平
105 第三节 双创驱动新型城镇化的典型故事
105 一、产业创新典型项目
112 二、主体创新典型人群

116 三、载体创新典型小镇
120 四、制度创新典型做法

第七章 以优美小镇为载体的双创驱动新型城镇化实践 126

126 第一节 优美小镇建设基本情况
127 一、指导方针
127 二、工作进展
132 第二节 优美小镇建设模式实践
133 一、路径创新
135 二、功能创新
136 三、投资模式创新
137 四、建设主体创新
138 五、评价标准创新
139 第三节 典型优美小镇实践介绍
139 一、空港新城优美小镇
142 二、泾河新城优美小镇
146 第四节 优美小镇发展战略
147 一、创新思路，深刻把握优美小镇建设的总体要求
147 二、突出重点，全面完成优美小镇建设的各项任务
149 三、强化组织领导，建立优美小镇建设的考核保障体系

第八章 以产业创新和主体创新为核心的双创驱动新型城镇化实践 150

150 第一节 西咸新区双创工作概述
151 一、双创工作指导思想
152 二、双创工作主要措施
153 三、双创工作的初步成效
155 第二节 双创的产业创新实践
155 一、产业创新路径
158 二、产业创新成果
167 三、产业创新规划
169 第三节 双创的主体创新实践
169 一、人才流动指数的新理念
170 二、助推创业的制度创新
171 三、丰富的创新创业交流活动
174 第四节 双创促进新型城镇化的成果
174 一、优美小镇添活力，农村美了
175 二、两个资本同进城，农民乐了
176 三、现代资本进田地，农业火了

第三篇 Chapter Three

全国双创驱动新型城镇化典型案例分析

第九章 全国双创驱动新型城镇化进展 179

179 一、初步成果
181 二、发展规划

第十章 各地产业创新和主体创新典型实践分析 182

182 第一节 产业创新实践——互联网+产业群
183 一、基本情况
186 二、百鸟河数字小镇创新实践
187 三、产业创新实践启示
187 第二节 主体创新实践——吉林临江黑松村农民创业
188 一、基本情况
188 二、黑松村农民创业实践
191 三、主体创新实践启示

第十一章 各地载体创新典型实践分析 192

192 第一节 浙江省产业小镇驱动新型城镇化实践
192 一、全省发展情况
194 二、重点小镇实践做法
196 第二节 贵州省产业小镇驱动新型城镇化实践
196 一、全省发展情况
198 二、重点小镇实践做法
200 第三节 产业小镇驱动新型城镇化的经验与启示
200 一、社会效益与经济效益的平衡
201 二、市场与政府的边界
202 三、村镇联动的重要性

204 **附录：西咸新区部分创新创业政策**
217 **结束语**
218 **参考文献**

第一篇

双创驱动新型城镇化的理论研究

双创驱动新型城镇化的基本内涵

双创驱动新型城镇化的作用机制

双创驱动新型城镇化的实现路径

双创驱动新型城镇化的制度创新

国务院总理李克强提出：新型城镇化应该突出“人的城镇化”。如何体现“人”的核心主体地位，不仅仅是满足人的各种多元需求，更重要的是充分实现人在推动新型城镇化中的自主性和创造性。无论是城镇形态的创新、产业的创新和微观个体的创新，都离不开“双创”的引导，只有创新才能实现我国新型城镇化的“内涵式增长和可持续增长”。同时我国未来的新型城镇化应该成为我国“大众创业、万众创新”的广义孵化器，各种产业政策、土地政策和人才政策创新也应该做到相互协同，才能形成“新型城镇化”和“双创”的相互协同和相互促进。

新型城镇化是国家现代化的重要标志，是拉动内需的重要抓手，对全面建成小康社会具有重大意义。党中央根据当前国内外形势的变化，及时提出了“大众创业、万众创新”的国家战略，成为新型城镇化建设的新思路和新方法。城镇化进行过程中，无论是产业的创新、城镇形态的创新，还是农民主体的创新，都离不开“双创”的引导。

第一章

双创驱动新型城镇化的基本内涵

新型城镇化是指坚持以人为本，以科学发展观为统领的城镇化推进方式，推动城市现代化、城市集群化、城市生态化、农村城镇化，全面提升农民生活水平、农业生产水平和农村综合社会服务水平。2014 年国务院出台了《国家新型城镇化规划》(以下简称《规划》)，为我国城镇化进程指出了方向和路径，成为各地展开城镇化工作的行动指南。《规划》发布以来，全国城镇化工作有了很大进展，但是仍有许多亟待解决的问题。2016 年 2 月 6 日，国务院发布了《国务院关于深入推进新型城镇化建设的若干意见》（以下简称《若干意见》)，充分体现了中央对城镇化工作的高度关注。

双创是指党中央、国务院根据国内外经济形势变化提出的“大众创业、万众创新”的国家新战略，是新常态下经济发展双引擎之一。人们的消费需求随着时代发展在变化，同时工业革命进入 4.0 时代，这两点为农村产业创新提供了强大基础，“大众创业、万众创新”的国家战略更是为新型城镇化提供了新的思路和方法。城镇化邂逅双创战略，给新型城镇化的有序有效推动带来了历史机遇。

第一节
新型城镇化的进展和问题

新型城镇化承载着拉动内需、调整结构、提高农民幸福感的重任，党的十八大以来作为国家战略在全国推进，取得了巨大成就，但是仍然存在一定问题，如对内需拉动性不强、农民转移进城后融入社会不足和城市环境越来越差等问题。继 2014 年出台的《国家新型城镇化规划》后，2016 年新年伊始，国务院又发布了《国务院关于深入推进新型城镇化建设的若干意见》，指出创新是重要解决办法。

一、新型城镇化的意义

城镇化是伴随工业化发展，非农产业在城镇集聚、农村人口向城镇集中的自然历史过程，是人类社会发展的客观趋势，是国家现代化的重要标志，对全面建成小康社会、加快社会主义现代化建设进程和实现中华民族伟大复兴的中国梦具有重大现实意义和深远历史意义。具体体现在六个方面：①

（一）现代化

城镇化是现代化的必由之路。

工业革命以来的经济社会发展史表明，一个国家要成功实现现代化，在工业化发展的同时，必须注重城镇化发展。当今中国，城镇化与工业化、信息化和农业现代化同步发展，彼此相辅相成。

---

① 国家新型城镇化规划（2014－2020 年）【M】．北京：人民出版社．2014 年 3 月第 1 版：第 2～6 页．

工业化处于主导地位，是发展的动力；农业现代化是重要基础，是发展的根基；信息化具有后发优势，为发展注入新的活力；城镇化是载体和平台，承载工业化和信息化发展空间，带动农业现代化加快发展，发挥着不可替代的融合作用。

（二）扩大内需

城镇化是保持经济持续健康发展的强大引擎。

内需是我国经济发展的根本动力。扩大内需的最大潜力在于城镇化。目前我国常住人口城镇化率为53.7%，户籍人口城镇化率只有36%左右，不仅远低于发达国家80%的平均水平，也低于人均收入与我国相近的发展中国家60%的平均水平，因此城镇化还有较大的发展空间。

城镇化水平持续提高，会使更多农民通过转移就业提高收入，通过转为市民享受更好的公共服务，从而使城镇消费群体不断扩大、消费结构不断升级、消费潜力不断释放，也会带来城市基础设施、公共服务设施和住宅建设等巨大投资需求，为经济发展提供持续的动力。

（三）产业结构调整

城镇化是加快产业结构转型升级的重要抓手。

产业结构转型升级是转变经济发展方式的战略任务。加快发展服务业是产业结构优化升级的主攻方向。目前我国服务业增加值占国内生产总值比重仅为46.1%，与发达国家74%的平均水平相距甚远，与中等收入国家53%的平均水平也有较大差距。城镇化与服务业发展密切相关，服务业是就业的最大容纳器。

城镇化过程中的人口集聚、生活方式的变革和生活水平的提高，都会扩大生活性服务需求；生产要素的优化配置、三次产业的联动和社会分工的细化，也会扩大生产性服务需求。城镇化带来的创新要素集聚和知识传播扩散，有利于增强创新活力，驱动传统产业升级和新兴产业发展。

（四）三农问题

城镇化是解决农业农村农民问题的重要途径。

我国农村人口过多，农业水土资源紧缺，在城乡二元体制下，土地规模经营难以推行，传统生产方式难以改变，这是“三农”问题的根源。

随着农村人口逐步向城镇转移，农民人均资源占有量相应增加，有利于促进农业生产规模化和机械化，提高农业现代化水平和农民生活水平。城镇经济实力提升，会进一步增强以工促农、以城带乡能力，加快农村经济社会发展。

（五）区域经济发展

城镇化是推动区域协调发展的有力支撑。

改革开放以来，我国东部沿海地区率先开放发展，形成了京津冀、长江三角洲和珠江三角洲等一批城市群，有力地推动了东部地区快速发展，成为国民经济发展重要的增长极。

但与此同时，中西部地区发展相对滞后，一个重要原因就是城镇化发展很不平衡，中西部城市发育明显不足。目前，东部地区常住人口城镇化率达到62.2%，而中部、西部地区分别只有48.5%、44.8%。随着西部大开发和中部崛起战略的深入推进，东部沿海地区产业转移加快，在中西部资源环境承载能力较强地区，加快城镇化进程，培育形成新的增长极，有利于促进经济增长和市场空间由东向西、由南向北梯次拓展，推动人口经济布局更加合理、区域发展更加协调。

（六）社会进步

城镇化是促进社会全面进步的必然要求。

城镇化作为人类文明进步的产物，既能提高生产活动效率，又能富裕农民、造福人民，全面提升生活质量。随着城镇经济的繁荣，城镇功能的完善，公共服务水平和生态环境质量的提升，人们的物质生活会更加殷实充裕，精神生活会更加丰富多彩；随着城乡二元体制逐步破除，城市内部二元结构矛盾逐步化解，全体人民将共享现代文明成果。这既有利于维护社会公平正义、消除社会风险隐患，也有利于促进人的全面发展与社会和谐进步。

二、新型城镇化推进过程中的问题

改革开放以来，伴随着工业化进程加速，我国城镇化经历了一个起点低、速度快的发展过程。城镇化的快速推进，吸纳了大量农村劳动力转移就业，提高了城乡生产要素配置效率，推动了国民经济持续快速发展，带来了社会结构深刻变革，促进了城乡居民生活水平全面提升，取得了举世瞩目的成就。

在城镇化快速发展过程中，也存在一些必须高度重视并着力解决的突出矛盾和问题，例如，大量农业转移人口难以融入城市社会，市民化进程滞后；“土地城镇化”快于“人口城镇化”，建设用地粗放低效；城镇空间分布和规模结构不合理，与资源环境承载能力不匹配；城市管理服务水平不高，“城市病”问题日益突出；自然历史文化遗产保护不力，城乡建设缺乏特色；体制机制不健全，阻碍了城镇化健康发展。其中，尤其突出的是农业转移人口市民化进展缓慢、城镇化质量不高、对扩大内需的主动力作用没有得到充分发挥等问题。

三、创新是解决问题的主要方法

针对以上问题，中央提出创新是解决问题的方法和突破口。国务院在《关于深入推进新型城镇化建设的若干意见》（以下简称《意见》）中，作出了全面部署。

（一）城镇化工作创新方向

《意见》重点提出了把城市打造成创业乐园和创新摇篮的目标，并提出了调整优化城市产业布局和结构、促进城市经济转型升级以及扩大就业容量等几个主要方向。

1. 优化城市产业结构

结合目前情况，中央再次提出：改造提升传统产业，淘汰落后产能，壮大先进制造、节能环保、新一代信息技术、生物、新能源、新材料和新能源汽车等战略性新兴产业。

同时提出：适应居民消费需求多样化，提升生活性服务业水平，扩大服务供给，提高服务质量，推动特大城市和大城市形成以服务经济为主的产业结构，构建大中小城市和小城镇特色鲜明、优势互补的产业发展格局。

2. **增强城市创新能力**

在《意见》中，中央全面深入阐述了创新能力的重要性和具体措施：

（1）顺应科技进步和产业变革新趋势，发挥城市创新载体作用，依托科技、教育和人才资源优势，推动城市走创新驱动发展道路。

（2）营造创新的制度环境、政策环境、金融环境和文化氛围，激发全社会创新活力，推动技术创新、商业模式创新和管理创新。建立产学研协同创新机制，强化企业在技术创新中的主体地位，发挥大型企业创新骨干作用，激发中小企业创新活力。

（3）建设创新基地，集聚创新人才，培育创新集群，完善创新服务体系，发展创新公共平台和风险投资机构，推进创新成果资本化、产业化。

（4）加强知识产权运用和保护，健全技术创新激励机制。

3. **营造良好的就业创业环境**

《意见》指出：要发挥城市创业平台作用，充分利用城市规模经济产生的专业化分工效应，放宽政府管制，降低交易成本，激发创业活力。完善扶持创业的优惠政策，形成政府激励创业、社会支持创业、劳动者勇于创业新机制。运用财政支持、税费减免、创业投资引导、政策性金融服务和小额贷款担保等手段，为中小企业特别是创业型企业发展提供良好的经营环境，促进以创业带动就业。

（二）新型城镇化具体工作部署

结合新型城镇化进程现状，中央对城市、城镇和新农村地区作出了具体部署：

1. **推动新型城市建设**

对于城市地区，《意见》首次提出了“新型城市建设”，并将工作部署到具体产业上：

（1）实施“宽带中国”战略和“互联网＋”城市计划，加速光纤入户，促进宽带网络提速降费，发展智能交通、智能电网、智能水务、智能管网和智能园区。

（2）推动分布式太阳能、风能、生物质能、地热能多元化规模化应用和工业余热供暖，推进既有建筑供热计量和节能改造，对大型公共建筑和政府投资的各类建筑全面执行绿色建筑标准和认证，积极推广应用绿色新型建材、装配式建筑和钢结构建筑。

（3）加强垃圾处理设施建设，基本建立建筑垃圾、餐厨废弃物和园林废弃物等回收和再生利用体系，建设循环型城市。划定永久基本农田、生态保护红线和城市开发边界，实施城市生态廊道建设和生态系统修复工程。

以上措施体现了中央通过城市建设技术的更新、有效拉动内需、促进城镇化的工作思路。

2. 加快培育中小城市和特色小城镇

关于中小城市和小城镇，《意见》给出了更新的思路，体现了更宽的改革力度：

《意见》第十二条指出，加快拓展特大镇功能。开展特大镇功能设置试点，以下放事权、扩大财权、改革人事权及强化用地指标保障等为重点，赋予镇区人口 10 万以上的特大镇部分县级管理权限，允许其按照相同人口规模城市市政设施标准进行建设发展。同步推进特大镇行政管理体制改革和设市模式创新改革试点，减少行政管理层级、推行大部门制，降低行政成本、提高行政效率。

第十三条指出，因地制宜、突出特色、创新机制，充分发挥市场主体作用，推动小城镇发展与疏解大城市中心城区功能相结合、与特色产业发展相结合、与服务“三农”相结合。发展具有特色优势的休闲旅游、商贸物流、信息产业、先进制造、民俗文化传承和科技教育等魅力小镇，带动农业现代化和农民就近城镇化。提升边境口岸城镇功能，在人员往来、加工物流和旅游等方面实行差别化政策，提高投资贸易便利化水平和人流物流便利化程度。

3. 辐射带动新农村建设

对于农村地区，《意见》在农村产业融合发展和新型电商发展方面作了具体部署。

带动农村一、二、三产业融合发展。《意见》第十七条指出，以县级行政区为基础，以建制镇为支点，搭建多层次、宽领域、广覆盖的农村一、二、三产业融合发展服务平台，完善利益联结机制，促进农业产业链延伸，推进农业与旅游、教育、文化、健康养老等产业深度融合，大力发展农业新型业态。强化农民合作社和家庭农场基础作用，支持龙头企业引领示范，鼓励社会资本投入，培育多元化农业产业融合主体，推动返乡创业集聚发展。

带动农村电子商务发展。《意见》第十八条指出，加快农村宽带网络和快递网络建设，加快农村电子商务发展和“快递下乡”。支持适应乡村特点的电子商务服务平台、商品集散平台和物流中心的建设，鼓励电子商务第三方交易平台渠道下沉，带动农村特色产业发展，推进农产品进城、农业生产资料下乡。完善有利于中小网商发展的政策措施，在风险可控、商业可持续的前提下支持发展面向中小网商的融资贷款业务。

（三）实施原则

如何有效实施以上工作，国务院在《意见》中提出了三个原则性意见。

1. 坚持点面结合、统筹推进

统筹规划，总体布局，促进大中小城市和小城镇协调发展，着力解决好“三个1亿人”城镇化问题，全面提高城镇化质量。充分发挥国家新型城镇化综合试点作用，及时总结提炼可复制经验，带动全国新型城镇化体制机制创新。

2. 坚持纵横联动、协同推进

加强部门间政策制定和实施的协调配合，推动户籍、土地、财政和住房等相关政策和改革举措形成合力。加强部门与地方政策联动，推动地方加快出台一批配套政策，确保改革举措和政策落地生根。

3. 坚持补齐短板、重点突破

加快实施“一融双新”工程，以促进农民工融入城镇为核心，以加快新生中小城市培育发展和新型城市建设为重点，瞄准短板，加快突破，优化政策组合，弥补供需缺口，促进新型城镇化健康有序发展。

综上所述，中央已经充分认识到，新型城镇化要顺利进行，传统思维、传统产业和传统组织方式不可能解决现有问题，必须以创新的方式重新审视新型城镇化，也就是说，破题的根本方法在于以双创的思维和工作方式展开工作。由此可见，中央已经把“大众创业、万众创新”作为新型城镇化推进重要的方法论并落实贯彻到工作部署中。

第二节
双创的背景和意义

进入21世纪以来，尤其是2008年金融危机后，世界经济形势发生了重大变化。同时，多种产业技术在互联网支撑下发生了突飞猛进的变化，全球进入了第四次产业革命时代。

针对国内外经济形势的变化，中央及时提出了“大众创业、万众创新”的新国家战略，并将之提升到经济发展“双引擎”之一的高度，具有稳增长、保就业、拉内需，提高社会公平和幸福感的重要作用。为此中央出台多种政策，对双创工作作出了具体部署。

一、双创的时代背景

（一）中央政府的大力推动

2015年，《国务院政府工作报告》中首次提出“大众创业、万众创新”，并把它作为中国经济转型和保增长的“双引擎”之一。这显示出政府对创新创业的高度重视，彰显出创新创业对中国经济的重要意义。

此前，在2014年9月举行的夏季“达沃斯论坛”开幕式上，李克强总理就提到“大众创业、万众创新”。他发表讲话称，要借改革创新的“东风”，推动中国经济科学发展，在960万平方公里土地上掀起“大众创业”“草根创业”的新浪潮，形成“万众创新”“人人创新”的新态势。随后，他多次对大众创新创业作出重要指示，强调要将此作为新常态下经济发展的新引擎。

要推动“大众创业、万众创新”，首先要加快改革步伐，简政放权，给市场主体创业创新留出空间，搭好舞台。政府通过放权让利的“减法”，来调动社会创新创造热情的“乘法”。按照“法无授权不可为”“法无禁止皆可为”“法定职责必须为”的原则，拿出“权力清单”，讲清政府应该干什么；给出“负面清单”，指明企业不能做什么；理出“责任清单”，维护公平竞争的市场环境，当好市场秩序的“裁判员”和改革创新的“守护神”。这些政策极大地释放了创业者的创业激情，取得了明显效果。[①]

双创战略提出以来，国务院出台了几十项文件，全力助推双创工作。例如，关于降低创业门槛的《国务院关于印发注册资本登记制度改革方案的通知》，关于促进大学生创业的《国务院办公厅关于做好2014年全国普通高等学校毕业生就业创业工作的通知》《国务院关于扶持小型微型企业健康发展的意见》《人社部等九部门关于实施大学生创业引领计划的通知》，关于鼓励科技人员创新创业的《国务院关于加快科技服务业发展的

---

① 2015年《国务院政府工作报告》。

若干意见》《国务院关于国家重大科研基础设施和大型科研仪器向社会开放的意见》《中国人民银行等六部门关于大力推进机制体制创新、扎实做好科技金融服务的意见》《财政部等四部门关于印发中小企业发展专项资金管理暂行办法的通知》《国家知识产权局关于知识产权支持小微企业发展的若干意见》，关于大力促进金融支持创新创业的《国务院关于创新重点领域投融资机制鼓励社会投资的指导意见》《国务院印发关于深化中央财政科技计划（专项、基金等）管理改革方案的通知》，关于厘清政府与市场的关系的《国务院关于促进市场公平竞争维护市场正常秩序的若干意见》《国务院办公厅关于促进国家级经济技术开发区转型升级创新发展的若干意见》，等等。

这些文件的出台，极大地激发了社会各界创新创业激情，近年来，井喷式增长的市场主体正是对“大众创业、万众创新”的呼应。2014 年 3 月以来，中国平均每天诞生 1 万多家企业，而在经济增速放缓的情况下，就业不减反增，城镇新增就业每年达到1000 多万人次，就得益于新引擎释放的新动力。

（二）双创提出的技术背景

美债危机之后，全球经济出现了大洗牌、大兼并、大调整、大转型的新格局。同时，互联网带来的技术革命席卷各行业，信息时代所孕育的科技爆炸，已悄然推动人类迈入一个崭新时代的大门。通过研究历次产业革命的发展背景和规律，中国在发展大势上必须明确坐标，创新思路。

第一次产业革命是蒸汽机发明带来的工业革命，第二次产业革命以内燃机和电力发明为标志，第三次产业革命以核能和互联网为标志，第四次产业革命的特点是互联网基础上的定制生产。后危机时代，特别是美债危机和欧洲主权债务危机加大了第四次产业革命的推进力度。

定位决定地位，思路决定出路，中国正处于关键的选择和发展之中。在工业革命 4.0 时代，中国要善于应对挑战，放大机遇，把压力变动力，加快转型。“大众创业、万众创新”是这个时代的必然选择。

二、双创的作用和意义

双创是中华民族振兴的历史机遇，同时，也是提升国民经济的现实引擎。《国务院政府工作报告》中指出：①

国民经济的发展，一方面，增加公共产品和服务供给，加大政府对教育、卫生等的投入，鼓励社会参与，提高供给效率。这既能补短板、惠民生，也有利于扩需求、促发展；另一方面，当前经济增长的传统动力减弱，必须加快实施创新驱动发展战略，通过推动“大众创业、万众创新”，改造传统引擎，打造新引擎。这样，既可以扩大就业、增加居民收入，又有利于促进社会纵向流动和公平正义。

双创的作用和意义体现在以下几个方面：

（一）双创与稳增长

中国经济在高速发展三十年后进入了相对平稳的阶段，同时国外经济形势变化多端，危机重重。危机具有两重性，危中有机，关键是如何捕捉机遇，在危机中寻找“转机、商机和生机”。

根据对世界经济形势变化和国内经济基础的分析，我国确定了七大战略性新兴产业，分别为新材料、新能源、生物科技、电子信息、环保产业、高端制造产业和新能源汽车。同时，加快“转方式、调结构”，把传统农业转变为现代化农业，实施大水利、大机械、大产业、大科技战略兴农富农；依靠科技开发和科技创新为经济发展提供内生动力，实现创新驱动；把制造业转变为现代服务业，深层次调整三次产业结构，把服务业做大做强。

我国有 13 亿人口、9 亿劳动力资源，人民勤劳而智慧，蕴藏着无穷的创造力，千千万万个市场细胞活跃起来，必将汇聚成发展的巨大动能，一定能够顶住经济下行压力，让中国经济始终充满勃勃生机。

---

① 2015 年《国务院政府工作报告》。

（二）双创与就业

创业是另一种更加积极的就业。

经过三十多年的改革开放，中国的国民经济发展取得了举世瞩目的成就。如今，我国的 GDP 总量已经突破了 10 万亿美元，是世界上第二大经济体。人均 GDP 也已超过了 7000 美元，进入了中高收入国家的行列。但是，在快速发展过程中，社会不公现象出现了日渐加剧的态势，突出地表现在：一方面是就业形势不容乐观，失业人数有所增加；另一方面是收入分配差距扩大。

创业型就业的最大特点，就是突破了传统的“一人一岗”的就业模式，形成“一人带动一群岗位”的就业模式。[①]

根据全球创业观察（GEM）的一项跨国研究表明，每增加一个机会型创业者，当年带动的就业数量平均为 2.77 人，未来 5 年带动的就业数量为 5.99 人。在我国，根据国家工商总局公布的数据测算，每新增一个个体工商户，能够带动的就业人数为 3 人左右；而每增加一家私营企业，能够带动的就业人数大约有 8 人。2015 年上半年，全国新登记企业 200.1 万户，平均每天新登记企业 1.11 万户。新创企业的大量涌现，为劳动者创造了众多的就业岗位。截至 6 月底，全国个体私营经济从业人员实有 2.64 亿人，比 2014 年年底增加 1454.7 万人。

双创活动，给广大劳动者创造更多就业岗位带来了前所未有的历史性机遇，也为改革开放成果惠及更多群体创造了条件。

双创对城镇化具有更加重要的意义，农民转移到城镇，需要城镇提供更多的就业机会。不管是农民创业还是农民在新创企业就业，都对吸纳就业起着直接作用。

（三）双创与消费

2014 年，我国全年最终消费对经济增长的贡献率达到 51.2%，比上年

---

① 李长安．双创是促进社会公正的有效途径．光明网，2015 年 9 月 11 日．

提高3个百分点，成为拉动经济增长的主引擎，中国调整经济结构的成效进一步显现。依靠内需发展经济，已经成为我国坚定不移的转型发展方向。

创新产生财富、思想产生财富、知识智力产生财富，并且决定财富数量的多少和质量的优劣；创新产生消费、思想产生消费、知识智力产生消费，而且决定消费数量的多少和质量的优劣。这将逐渐成为社会的普遍共识，普遍的行动，成为社会的普遍规律。

双创对消费的作用，体现在产业创新和消费模式创新两个方面：

1. 产业创新促进消费

创新带来新的产业融合，不断有新的产业诞生，这些新兴产业带来了消费机会。近年来，养老、信息、旅游休闲、绿色消费、住房和教育文化这六大产业得到了较大的创新发展，成为消费增长的最主要动力。

2. 双创带来新的消费模式

信息化时代带来的消费模式的进步，本身极大地促进了消费的愿望、频率和总额。比如，近年红红火火的网购，使购物变得十分快捷方便，大大降低了购物的体力、脑力付出；亲切的互动界面使网购变得富有趣味，更加刺激了网购的参与性，使网购无论是参与人数还是消费金额都比传统购物有了成倍增加。这是消费模式创新带动经济的明显例子。再比如，滴滴打车，由于采用了现代化的定位和即时呼叫服务等技术，降低了出车者的成本，从而降低了租车费用，租车人群大大增加，远比传统出租车的消费总额高，加上管理的规范化之后，成为一个崭新的消费新业态。这是技术进步带动消费的显著例子。因此，中央鼓励“三网”融合，要求加快建设光纤网络，大幅提升宽带网络速率，发展物流快递，把以互联网为载体、线上线下互动的新兴消费搞得红红火火。

城镇化的重要作用就是激活农村地区消费，农村的互联网消费一旦全面启动，不管是农资下乡、淘宝进村，还是农产品通过网购进入城市，对全国的拉动内需都是强劲推动。

（四）双创的社会意义

双创不仅具有振兴经济意义，同时还具有社会意义，体现在社会公平和提高幸福感两个方面。

1. 双创与社会公平

双创活动的最大特点，就是参与者的广泛性。创业主体日益多元化、大众化，不管是科技人员、留学归国人员，还是大学生、农民工、下岗失业人员，都纷纷加入创业大潮之中。

网络创业是创业浪潮的一个典型特征。互联网的普及突破了地域、场地和身体等方面的限制，大大降低了创业的门槛，许多过去社会弱势群体的成员如返乡农民工、残疾人等通过创新创业，在获得更高收入的同时极大地改变了自己的命运，大大缩小了社会的贫富差距。

双创活动有利于打破社会阶层的固化，是让更多低收入者实现向更高社会阶层合理流动的强大动力。正如李克强总理指出的：双创是发展分享经济的重要推手，也是收入分配模式的重大创新。双创在实现国民经济保持持续稳定增长的同时，达到了促进社会公平正义的目标。

2. 双创与幸福指数

关注中国“大众创业、万众创新”的诺贝尔经济学奖得主埃德蒙德·菲尔普斯指出，中国经济新引擎将带来“非物质性好处”。他说：“如果大多数中国人，因为从事挑战性工作和创新事业获得成就感，而不是通过消费得到满足的话，结果一定会非常美好。”事实也的确如此。在全国各类创新创业比赛中，很多参赛者都表示：创业使他们充分释放自己的创造能力，提高了自信心，幸福指数大大提高。

双创的社会意义对新型城镇化尤其显得重要。传统城镇化方式是农民转移进入城市，但是农民进城后由于从事不擅长的工作，原有生活环境邻里关系被打破，他们的幸福感、成就感大大降低，即使生活水平提高，但是总体幸福感仍然没有提高，没有达到中央新型城镇化的要求。如果启动农村双创活动，农民能够就地结合自己的特长进行创业，对农民的幸福感的提高和促进社会公平都有极大的作用。

三、创新的具体方向

中央在明确了创新的意义和作用后，对创新的方向作出了战略部署。这些部署都和新型城镇化有密切的关系。

（一）产业创新

产业创新包括科技产业、农业创新产业和文化产业三个主要的方向。

科技产业主要包括新材料、新能源、生物科技、电子信息、环保产业、高端制造产业和新能源汽车等战略性新兴产业。这七大战略性新兴产业将充分“产城融合”，与新型城镇化相互促进，接纳城镇化人口就业。国家已设立400亿元新兴产业创业投资引导基金，整合筹措更多资金，为产业创新加油助力。云计算、大数据和物联网等新技术将更快地与传统产业相融相生，PC互联网时代将升级到移动互联网时代，互联网技术与传统产业的结合必将迎来更大的发展空间。

农业创新产业将对传统农业进行更新换代，发展现代农业和设施农业、景观农业和旅游农业等更多与消费密切结合的创新农业，带动就地城镇化。

文化产业一方面是创新创业的主要内容之一，同时也对中华民族传统文化传承、民族精神弘扬有重要价值。乡村文化也是其中重要一部分。

产业创新不光是行业内部的产业技术更新，第四次产业革命阶段的产业创新更多的是产业融合创新，以及形成产业链的产业集群，在此基础上形成新型城镇化的崭新载体——产业小镇。

（二）模式创新

创新不光是产业创新，更重要的是思维创新和模式创新、管理方式创新和组织方式创新。政府、民众和企业的关系都产生了革命性的变化，从而促进社会进步。

首先，政府要勇于自我革命，以体制创新推动科技创新，加快改革步伐，简政放权，给市场主体创业创新留出空间，搭好舞台。要通过改革，破除束缚创新创业的障碍，让各类主体的创造潜力充分涌流，实现经济社会平稳快速发展。

其次，人民群众是技术创新的主体，农村地区要推动农民创业创新。我国有13多亿人口，9亿劳动力，7000万企业和个体工商户，蕴藏着无穷的创造力。要大力鼓励草根创业创新，鼓励支持利用闲置厂房等多种场所、孵化基地等多种平台、风险投资等多种融资渠道开展创业创新，努力形成小企业“铺天盖地”，大型企业“顶天立地”的格局。企业主体要发挥敢于创新、敢于突破、敢于担当的精神，将市场竞争提到新的高度、新的层次。例如，被称为“淘宝第一村”的浙江义乌青岩刘村，凭借着“全球小商品集散地”的货源优势，电子商务犹如雨后春笋，在义乌遍地开花。这个原本仅有1486名村民的村庄，成千上万的农民成为创业的崭新主体，淘宝网店超过2000家，年成交额达数十亿元，成了中国名副其实的第一淘宝村。短短三四年的时间，从青岩刘村起步的淘宝店主，其中很多都发展成了千万级的大网商。这些创业者成为义乌电子商务领域的“偶像”，也为后来源源不断到青岩刘村创业的新手提供了无穷动力。可见，新时代的农民——新农人成了创新创业的崭新主体。

“众创空间”“创客孵化器”和“创业基金”作为政府和社会帮助企业或个人创业的创新形式，有效地将社会投资和创业者结合起来，既保护了创业者的积极性，同时又使创业者得到资金扶持，是一种社会管理模式的创新，将得到政府的大力支持，成为推动草根创业的重要推动力。

产业小镇作为创新产业与新型城镇化的创新载体，近年来迅速发展。产业小镇非镇非区，不是具体的产业园或者旅游街，而是一种管理平台，将该区域产业链上的大小企业有机聚拢在一起，独立经营，统一管理，互助互帮。

综上所述，双创是国民经济双引擎之一，是稳增长、拉内需、保就业、谋幸福的重要方法。中央出台了大量政策，鼓励全社会通过产业创新和模式创新，促进中国经济再一次腾飞。

第三节
城镇化邂逅双创是民族振兴的历史机遇

我国的城镇化工作近年来取得了显著的进展，但是也碰到了一些问题。这与我们参照欧美国家的方式进行城镇化有一定关系。欧美城镇化过程大多与工业化同步，因而大多采用了农业人口大量转移到城市的方式。这种城镇化过程带来了一系列问题，如环境严重污染、城市过度拥挤和乡村文明消失等。

改革开放以来，中国的城镇化进程也逐渐出现这些问题。这说明城镇化路径不能照搬欧美。因为中国的城镇化有着和欧美不同的历史背景，这就是欧美城镇化是与工业化同步的，而中国城镇化却是与信息化同步的，因此，中国城镇化完全可能也应该有一条新的路径。

进入21世纪以来，全球迎来了工业革命4.0阶段。工业革命4.0阶段不同于之前的工业革命1.0（蒸汽机革命）、工业革命2.0（电气革命）和工业革命3.0（信息革命），其最显著特征是从前三次工业革命的大生产转为第四次革命的定制生产，无论是销售端还是生产端都为这种定制生产提供了技术基础。

同时，社会对农产品的需求也从满足温饱过渡到了追求健康个性消费的时代，在此背景下，传统的农业生产迎来了全新的发展机会。农民根据市场对特色农产品的需求，依托多年累积的农耕技术和承包地，进行丰富的自主创业，同时大量工商资本进入农村进行产业创新，这就使农民就业机会大大增加。农民的自主创业和农业发展过程中涌现的大量崭新业态化解了城镇化发展过程中的难题，农民生活水平提高，基础设施改善，实现了就地城镇化。就地城镇化是成本最低的城镇化，是对生态破坏最小的城镇化，是新型城镇化的有效路径。双创是实现新型城镇化的历史机遇。

本节将从社会需求变化、技术和革命进步以及这双重变化给城镇化带来的机会几个方面，详细分析这个历史机遇的成因。

一、社会需求的变化

社会需求的变化从来就是社会发展的最大驱动力，不是政策，也不是投资，只有需求的变化才能带来生产力的根本变化、持续变化。

进入到21世纪后，社会需求发生了明显的变化，主要体现在以下两个方面：

（一）全社会对健康的需求

社会曾经经历过对财富的需求，对权力的追求，以及对名利的追求。现在，主流社会开始转向对健康的追求，这种健康追求体现在两个方面：

1. 对个体而言，体现为对身体健康的追求

首先，对安全健康食品的需求成为广大消费者共同的追求。这些消费者形成了一个阶层，而不是一小批白领。健康食品成为真正的刚需，这将极大地拉动食品行业及其上游农业生产行业。

同时，健康的生活方式也成为大家共同的追求，比如，远足、登山等运动都与农村发展关系密切，乡村旅游成为农业一个重要分支。甚至服装、化妆等时尚行业，也进入了有机绿色通道，手工织布、天然染料和天然护肤化妆品广为时尚人士追捧。

这一切都呼唤传统农业更新，呼唤创业者进入农村开辟新的业态。

2. 对社会而言，则体现为对生态环境的追求

社会对生态环境的追求可以从对雾霾的态度上集中体现出来。雾霾到来，学校放假，家长无法正常上班，企业经营受到影响。随着每年的雾霾天数越来越多，PM2.5的值越来越高，政府整治雾霾的成本也越来越高，一大批企业关停并转，这些对国民经济的影响是显而易见的。

当然，生态环境的严重性不仅仅体现在雾霾，包括污水、垃圾等也都到了亟须治理的时候，社会对无烟经济、生态经济的渴望无以复加。

农业作为生态经济的主力军，其地位重新被提高。农业也许不是经济价值最高的产业，却是生态价值最高的产业，也是最容易实现生态经济的产业。

但同时，农业在这些年发展过程中，也走了一些弯路，如片面强调规模化，食品安全问题频发等。因此，农业需要结合市场的需求，重新走到生态产业的大路上来。

（二）全社会对个性产品的需求

社会对产品的需求经历了“从无到有，从有到优，从优到特”的过程，这是社会发展的必然。

从全球范围来看，20 世纪 60 年代商品短缺经济向富足经济发展，80 年代在商品富足后进入追求品牌阶段。2000 年后，西方发达国家开始逐渐进入“无印良品”阶段，追求个性产品、特色产品之风日盛。

国内自改革开放以来，也迅速经历了无—有—优—特 4 个阶段：

1. 20 世纪 80 年代：无

经历过“文革”后商品极为短缺，几乎所有商品都需要凭票供应，保障供应成为政府和企业最大的任务。

2. 20 世纪 90 年代：有

改革开放的第一个伟大成就就是迅速解决了商品短缺问题，大家终于可以在百货商店买到自己需要的日用品了。这时候，生产企业、销售企业都以前所未有的速度发展。

3. 21 世纪初：优

进入 20 世纪 90 年代末和 21 世纪初，商品摆脱了早期“有就行”的阶段，开始往质量、品牌上面发展，出现了一系列品牌企业、品牌商品，出现了专门销售品牌产品的“专卖店”，消费者从关心“实用”和“美观”到了“是否有牌子”的阶段。

4. 21 **世纪** 10 **年代：特**

进入 21 世纪，产品极大丰富，消费主力军已经是 90 后。作为完全没有经历过贫困生活的一代，作为网络时代的一代，作为中国经济高速发展时代成长的一代，他们跨越了“价格”，跨越了“实用”，跨越了父母的“牌子”价值观，开始追求是否“特色”、是否“生态”、是否“唯一”。

对特色产品的追求自然会导致生产过程的变化，给几千年中国特有的农耕文明带来了意外的发展机会。

二、技术进步的变化

需求的变化自然带来生产力的变化，从而推动技术的一次次革命。历次工业革命的过程，无不说明此点。

（一）历次工业革命

产业革命又称为工业革命，是指由于科学技术上的重大突破，使国民经济的产业结构发生重大变化，进而使经济、社会等各方面出现崭新面貌。

18 世纪，从英国发起的技术革命是技术发展史上的一次巨大革命，它以蒸汽机作为动力被广泛使用为标志，开创了以机器代替手工劳动的时代。这不仅是一次技术改革，更是一场深刻的社会变革。从生产技术方面来说，工业革命使工厂代替了手工工场，用机器代替了手工劳动；从社会关系来说，工业革命使依附于落后生产方式的自耕农阶级消失了。

第二次工业革命以电力的广泛应用为显著特点。从 19 世纪六七十年代时开始，出现了一系列电器新技术、新发明，并迅速应用于工业生产，大大促进了经济的发展。从社会形态上看，企业发展开始遵循规模化道路，西方国家经济迅速发展。

在人类文明史上，第三次科技革命是继蒸汽机技术革命和电力技术革命之后科技领域里的又一次重大飞跃。它以信息化为主要标志，涉及信息技术、新能源技术、新材料技术、生物技术、空间技术和海洋技术等诸多领域的一场信息控制技术革命。第三次科技革命不仅把现代科学技术的发展推向了一个新阶段，而且使西方一批发达国家在20世纪中期先后实现了高度工业化，走完了工业社会的最后历程。

进入21世纪以来，在信息化的强大推动下，全球迎来了第四次工业革命。

（二）第四次工业革命的技术特征

第四次工业革命（以下简称工业革命4.0），简单说即是利用网络和云科技，将更为庞大的机器群连接起来，让机器之间自相控制，自行优化，智能生产，从而大大减少从事重复劳动和经验工作的人力数量，使生产质量和效率提升到一个新阶段。

机器自相控制管理、自动化与自优化大大强化了资源的有效利用，从而打破传统工厂集中控制的生产结构。借助网络和云技术可以对散布在全球各地的工厂进行精准调控，工厂内部不再集中大量的工人，员工也可以分散在世界各地，直接根据自己的权限对工厂进行操作。

简而言之，工业革命4.0的特征就是大型工厂将转化为更多更灵活的小型自控工厂。

（三）工业革命4.0的意义

工业革命4.0的意义在于：生产方式从工业革命1.0到3.0时代一直孜孜以求的集中生产，螺旋上升至分散生产。

工业革命1.0～3.0，社会经济从小规模到大规模乃至到跨国经济，一方面是劳动效率的不断提高，产品质量不断提高，规模化带来成本不断降低，因此价格越来越低；但另一方面，规模化带来的商品市场饱和度越来越高，产品形态越来越单一，反而使人们对产品的兴趣越来越低。也就是说，生产力提升了，价格降低了，品质更好了，但是市场的需求反而不旺盛了。

工业革命4.0的分散生产，可以面对客户进行个性定制，这极大地刺激了消费者的新需求，成为经济振兴的有力引擎。

当然，工业 4.0 时代的分散生产与以前是不一样的：

第一，工业 4.0 时代的分散生产和工业革命前分散生产本质上是不一样的，尽管分散在各地的生产，但是 4.0 时代产品的质量和标准是统一的。

第二，工业 4.0 时代的组织机构是在互联网技术下的分散，是“散而不乱”，并不是工业革命前的完全无序生产。

第三，工业 4.0 时代的分散生产和 3.0 时代的大生产产品的区别是具有更强的灵活性和针对性，更容易满足消费者的个性需求，从而极大地激发了市场需求，拉动经济发展。

三、工业革命 4.0 的深远影响与双创的提出

工业革命 4.0 对社会经济形态将产生深远的影响。首先，不同产业的发展前景不一样，对企业的生产组织方式将有很大影响。其次，生产主体的特征也在发生变化。在此基础上，社会资源配置也将发生变化。

（一）工业革命 4.0 对不同行业的影响

（1）工业革命 4.0 使传统农业重新获得发展机会。农业（包括渔、林、牧）作为人类社会的基础产业，社会多种需求都以农业为依托，在任何时代，其重要性都不言而喻。更重要的是：分散生产和定制经济为农产品的精品化带来发展的重大机遇。工业革命 4.0 时代的离线商务模式和 O2O 等信息技术都给农产品的销售带来了方便。

（2）第二次工业革命诞生的产业，如电力、化工、冶炼等行业，其发展在信息革命中达到顶峰，而在智能生产时代将逐渐减小社会产业比重。能源及基础工业随着人类社会上层建筑的升级会占有越来越少的社会比重。

（3）物流行业也面临全面转型的巨大挑战，在集中工厂变为分散工厂之后，传统的以集中为主要模式的供应链管理，因为要适应小型化、分散化、个性化生产，将会逐渐被打破。零售业将改变原有的实体商业模式，而以 B2B 的销售方式迅速发展。

（4）第三次工业革命发展起来的 IT 行业，将在工业革命 4.0 的进程

中达到鼎盛，数据分析和大数据行业，在社会转型阶段扮演着重要角色。

由此可见，工业革命 1.0、工业革命 2.0、工业革命 3.0、工业革命 4.0 时代，不同阶段发展起来的产业在国民经济中的重要性在重新排位，一些强势产业在衰退，一些传统产业重新有了机会，这是不以人的意志为转移的。

在这样的背景下，农业迎来了历史大发展的机遇，要充分利用这样的机遇抓紧全面创新。

（二）工业革命 4.0 带来的人才革命

工业革命 4.0 的智能时代对人才的标准判断也发生了变化。4.0 时代的人才需要具备以下几个特点：

（1）计算机化思维。4.0 时代是计算机大面积应用的时代，而且 4.0 时代，计算机不仅是计算工具，在大量计算基础上具有了分析能力，并且由于对人脑的不断模仿，逐渐具有思维。理解计算机的思维才能更好地享受物联网和计算机物理系统带来的便利，因此，4.0 阶段的人才应该具有计算机化的思维。

（2）艺术化表达能力和概念设计能力也将成为判定未来人才的重要标准。随着人类生活的多媒体高信息化发展，传统文字表达显现出传递方向单一、传递信息模糊和接受体验差等问题，在表述上失去优势。相比之下，动画和人机交互应用等高度结合美学与文化的表现形式等则越来越受到欢迎。

（3）情感的体验和表达是计算机无法取代人类完成的，这也成为 4.0 时代人才的重要特点。结合美学原理和市场分析精准分析客户感受，提供更丰富的体验设计是 4.0 时代的重要工作。

由此可见，由于消费的变化和技术的变化，对人才的要求也发生了变化，具有创新能力的人将成为更有发展潜力的人才。这一点也为农村创新人才的培养提供了理论依据。

（三）工业革命 4.0 带来的管理革命

工业革命 4.0 时代由于技术的进步，小型企业不仅可以健康生存，并且比大企业更有市场适应性。这使得企业的生存发展理论得到了全面更新。企业不再将过多的资金和时间花在规模扩张上，而是关注在产品研发上，使产品更加贴近市场的需求。

众多小型而专业的企业（小专企业）必然呼唤平台管理机构的快速成长。平台管理机构帮助企业完成销售渠道对接、日常行政管理、外部宣传等，大大降低企业的日常行政费用，而且更加具有品牌优势。

“小专企业（经营主体）＋平台机构（服务）”替代了原来跨国企业“总部＋分公司”的模式，企业因为直接面对市场，产品更具有吸引力，由于每个企业的活力，整体社会经济更具有流动性，向上动力更旺盛。

综上所述，这些从需求引发的技术革命和管理革命，既是挑战也是机遇。正是基于这个重大的社会变化，中央适时提出了“大众创业、万众创新”的新战略，全面部署，积极应对。

四、双创对农业、农村、农民和新型城镇化的机遇

工业革命 4.0 对农业发展带来了巨大变化，也将农民推上了创业者的位置，使农村成为创新创业的主战场，从而使农民就地城镇化得以实现。因此，双创是新型城镇化的历史机遇。

（一）双创对于农业发展的机遇

农业的发展历程历经了小农和大生产两个阶段。几千年来，中国的农耕社会都是建立在一家一户的小农经济之上的，这是与当时的农业生产技术相匹配的。解放以后，公有制经济使农村土地集中化，农业生产开始逐渐走向产业化、现代化。

农业现代化具有劳动效率高、产品质量标准化的优点，同时也有一些缺点，比如，农副产品单一，不能满足市场的多样化需求等。与此同时，社会对农副产品的需求正在发生重大变化，越来越多的消费者希望享受“小产地，大品牌”的产品，特色农产品正在成为市场的主流消费趋势。

显而易见，这种社会需求不是传统小农也不是大生产可以支撑的，而是需要一种新的生产方式来实现，这就是“创新小农”。

"创新小农"的特点是：

第一，现代化。采用现代农业的生产手段；

第二，小型化。采用小型组织结构，便于面对个性产品的不同需求组织生产；

第三，管理平台化。产品的销售和服务、质量检测等用第三方综合平台来完成。

以上三点分别是农业的产业创新、组织创新、管理创新，需要用双创的机制给予有力支持，农业也将借此需求迎来崭新的时代。[①]

（二）双创对于农民发展的机遇

几千年来，农民的身份经历了若干阶段：按照现代企业法的分类，解放前的农村有贫农、富农和地主，其中地主类似于农民企业家，富农相当于个体农民，贫农没有土地，只能给地主打长工或短工，属于打工者。解放后，农民有了土地，成为个体农民；20 世纪 50 年代实行人民公社，农民变成公社社员，实际变成集体企业职工（打工者）；80 年代分田到户后，农民重新拥有土地的经营权，变成个体农民。

三十年来，这些个体农民中的一小部分变成农业企业，一部分变成大户也就是农业的小微企业，大多数以家庭农场的方式存在，也就是个体经营者。不管是大户还是普通农民，他们拥有土地这种生产资料，有权对自己生产的产品进行销售，因此，他们都是一个个独立企业，每一个农民就是一位创业者。

1. 农民创业者的特点

农民创业者的优点是熟悉农业生产，有创业的技术基础，同时有一定的经济基础如资金和土地等。农民创业者的困境在于：农民的生产过程已经具有企业特征，但是没有得到企业的待遇和支持，如贷款、减免税等，更没有得到创业孵化机制，如天使基金等的扶持。因此，农民的创业过程

---

① 李铂榕．中国城镇化建设模式．北京：国家行政学院出版社，2013 年 2 月 1 日第 2 版：第 73～78 页．

长期处在小微阶段，最后只能放弃农村创业转向城市打工。

2.“创新小农”方式更易满足社会对健康和个性产品的需求

不同主体生产的产品适应不同市场，面对社会对健康和个性产品的强烈需求，“创新小农”是更合适的方式。

	分类	特点	适合产品
1	大型国有农业企业	批量大，效率高，价格低	大众产品
2	传统农民	小量，质量不一定	自给自足
3	创新小农	可以组织针对性的小规模生产，质量保证	特色健康食品

“创新小农”的生产方式是一种管理创新，农户从事特色农产品生产，平台进行质量、销售等管理工作。这样既保留了创业者的主体地位，同时又得到了资金扶持。

“创新小农”不是封建时代的小农经济，也不是人民公社的集体经济，也不是承包到户后松散的农民合作社，而是农民创业者和平台管理的结合，是一种崭新的合伙人制度，属于分享经济模式。

（三）双创对于农村的意义

农村是相对于城市的另一个广袤空间，在城乡二元时代，农村意味着两点：农村的产业是农业，农村的人口是农民。在双创时代，农村的意义显然不再局限于此。

相对于城市集中生活、集中生产的空间，农村是另一个更加广阔、更加多元化的空间。在农村生活的人产业不一定是农业，在农村生活的人也不一定是农民。

农村空间广阔，土地性质和人员构成多样化，是适合进行多种产业创新的合适空间。同时，农村既有农民，也有下乡城市居民和下乡工商资本，这些人群以创业的方式在广袤的农村生活、生产，使得农村的经济组织方式可能出现更多的创新。

总之，就像三十年前改革开放是从安徽农村小岗村的分田到户开始一样，“大众创业、万众创新”的国家新战略，也将在广袤的农村拉开序幕。

（四）双创对于城镇化的机会

需求的变化和技术的进步给城镇化进程带来意外解药：

城镇化的传统路径是农村人口转移到城市去，这个路径由于成本巨大和生态承载无力承担两个原因而遭到挫折。

城镇化的另一个路径是就地城镇化。就地城镇化的困境在于在农村没有足够的新兴产业可以承载农民就地创业和就地就业，农业的大生产意味着只需要更少的农民在农村就业。但是在工业革命 4.0 时代和健康需求时代，社会对健康特色食品及其他创新农产品的强大需求，呼唤农民作为创业者经营各类农业小微企业以满足此需求。

农村大量创新产业出现，主要分布在：

第一，传统农业更新，如粮油米面等生产转向有机生产；

第二，现代农业衍生，如新出现的景观农业、生态农业等；

第三，其他更适合在农村地区的产业，如文化产业、科技 IT 产业、服务产业等，在互联网时代，他们不需要集中居住在城市里，可以转向在农村落户。

综上所述，农村可以承载多种产业，农民以及多种主体进入农村进行多种产业的创新创业，农业也获得了多种升级转型的动力和源泉。通过双创也为城市就业和创新产业提供了更多机会，更多的企业出现，农民工城市就业也会有所增加。[①]

由于产业更新和创新主体增加，农村地区经济得以提升，因此，农村地区的公共服务和基础设施都得到提高。农民不管是通过就业还是在创新型企业里就业，都能提高收入，而且由于就地城镇化，个人能力得以展示，家庭生活得以延续，农民的幸福感得以提高。这一切都为解决农民就

---

① 李铂榕．中国城镇化建设模式．北京：国家行政学院出版社，2013 年 2 月 1 日第 2 版：第 91～92 页．

地城镇化奠定了基础。因此，就地城镇化是更加合理的城镇化路径。

由此可见，城镇化邂逅双创时代，定制经济为就地城镇化提供了天赐良机。抓住机会，政府给予政策鼓励和引导，把农村作为双创主战场，加上全社会的支持，就有可能解决中国城镇化问题。

综上所述，双创是思想论和方法论，新型城镇化是实践战场；双创是手段，新型城镇化是目标；双创提供制度创新，新型城镇化是落实载体；双创和新型城镇化的共同目标是经济发展，人民幸福。

第二章

双创驱动新型城镇化的作用机制

本章主要介绍了产业创新驱动新型城镇化的动力机制。首先，结合产业发展和演变规律，从技术融合、生产生活方式融合和产业间相互渗透等方面对产业融合的方式、性质和趋势进行了分析；其次，深入研究了产业聚合方式和城镇化空间聚合方式的耦合关系，指出不同的产业带来不同的城镇化聚集方式；最后，专题研究了以互联网经济为特征的新经济对城镇化空间的变化，从而全面透彻地阐述了双创驱动城镇化的作用机制。

第一节 产业创新动力机制

著名经济学家斯蒂格利茨曾预言：西方的现代化和我国的城镇化将成为21世纪全球经济发展的两大引擎。城镇化不仅是引发消费需求、带动投资增长、推动经济服务化的重要途径，而且是培育创业者和新型农民、实现安居乐业市民梦的重要手段。同时城镇化也为农业现代化创造条件，有利于吸收大量的农村富余劳动力，进而实现“减少农民才能富裕农民”的既定战略，反向拉动农业向规模化、特色化和产业化的发展。

党的十八大以后，城镇化更是上升到我国战略高度，成为我国经济发展的重要抓手之一。新常态下的城镇化是在吸取过去历史教训基础上新的城镇化，强调"人的城镇化"，突出把"人"摆在首要位置，更加强调内涵式发展。而"人的城镇化"就是要以满足人的合理功能需求为前提、以人们生产和生活的最大便利为原则而形成的耦合互动、可持续的城镇集聚形态和结构。

城镇化可持续发展的活力主要取决于合理制度条件下的产业生长。产业发展驱动了人口的集聚，为人口就业提供了保障，同时也影响了人的消费结构。没有产业的支撑，城镇化将变成无本之木、无源之水。而且，在实现扩大内需战略中，孤立的城镇化本身并不能完全替代以提高城市居民消费为主体的收入分配改革、产业结构调整等一系列改革内容。研究新型城镇化的发展方向，必须把重点放在研究产业的调整方向、发展趋势和其集聚方式对城镇化的影响上来。

我国新型城镇化的产业驱动模式，重点集中在新型工业驱动型、总部与高端商务驱动型、旅游驱动型、现代农业驱动型、文化创意驱动型、商贸驱动型、特色工贸驱动型七个方面，同时产业之间将深度融合。

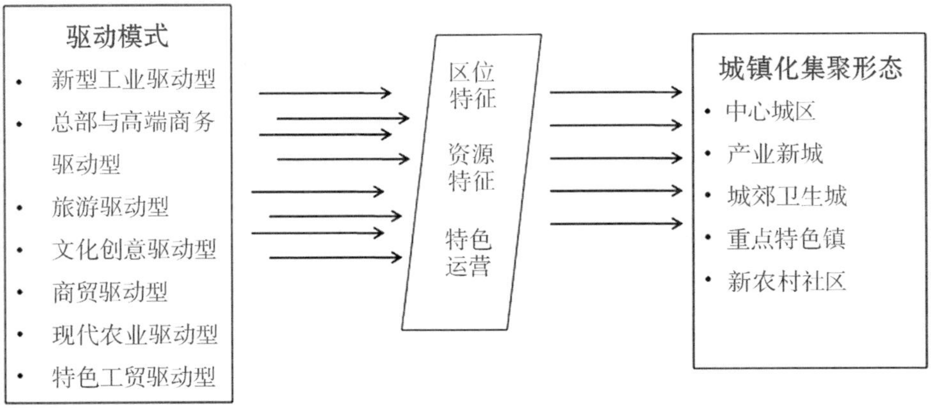

新型城镇化动力机制与集成系统图

一、产业融合动因分析

产业融合是随着经济的发展和技术的进步，由人们生产、生活、消费行为日益交叉渗透所诱发的产业间融合和重构。产业融合不等于横向兼并，横向兼并通常发生在产业内部，而产业融合则发生在产业之间；产业融合不等于产业纵向一体化，后者只是产业内纵向关联的整合。

（一）产业融合类型

第一，技术融合。技术创新在不同产业之间的扩散导致了技术的融合，技术融合逐渐消除了不同产业间的技术性壁垒，使得各种产业间有了共同的技术，进而促进了产业的融合。例如，互联网技术的发展，促进信息技术产业和农业、制造业和服务业的融合，产生了数字农业、数字制造、电商、互联网等新的产业业态。①

第二，产品融合。原来分立的产业因为拥有了相同的技术基础，为客户提供相同和类似的产品，出现了产业边界模糊，促进了产业融合。例如，智能手机和笔记本的融合产生了平板电脑。

第三，生产生活方式融合。由于人们生产生活等行为的交叉，本来两个分立的产业有了通用资产，从而相互之间形成交叉融合。例如，农业本身只有生产功能，但随着体验经济的出现，一些人开始把农业当成了一种体验和乐趣，这个时候就以“农业通用资产”为载体，产生观光和体验农业。

（二）产业融合的推进过程

产业融合的推进方式分为技术驱动和资产通用性驱动两种。

第一，技术驱动的产业融合。② 技术驱动是一个动态演化的过程，技术在不同产业间的扩散带动了技术的融合，技术融合又进一步带动了产业

---

① 于刃刚，李玉红．产业融合对产业组织政策的影响．财贸经济，2004(10)：第18～22页．

② 同上．

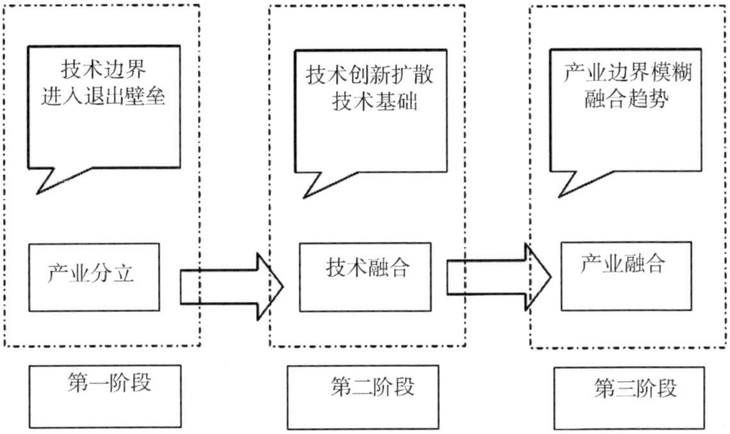

产业融合的三个阶段划分

的融合。技术创新是动力、技术扩散是基础，从而形成从产品、市场到产业的梯度演变，产业向更高级、更多元、更精细化的方向发展。

第二，资产通用性驱动的产业融合。资产通用性是指一些资产在多个行业（产业）具有通用性。例如，互联网技术在多个行业的扩散，某些建筑既可作为居住又可用来接待游客发展旅游，一些农作物既可以作为食物又可作为观光旅游等，这些都是通用资产的范例。通用资产越强，越有利于促进产业的融合。

（三）产业融合的效应

第一，促进产业创新，孕育新的增长动力。产业融合是一种产业创新，各个关联产业间相互融合将催生新产品、新技术、新产业、新业态、新消费、新模式，使得产业向更加高级形态升级，持续不断地为经济和社会发展孕育新的动力。比如，互联网与文化产业结合所产生的手机动漫、电子书、网络游戏和文化旅游等新兴文化业态，催生了新的消费群体，带动了新的消费热点，推动文化产业发展迈上了新台阶。

第二，改变人类的组织行为模式和促进社会生态转变。随着产业融合向更加深入、更加频繁的方向演变，产业融合又会倒逼整个社会生产、生活和组织形态的变化，进而引发社会形态的变革，使得整个社会结构由

"金字塔"结构向"多元化的主题社群协同"结构方向发展。例如，海尔集团正在由过去大工业时代的"金字塔"组织结构向"倒三角"的结构转变。

第三，促进产业的价值增值和快速传递。产业融合是产业价值链的进一步运动，是基于用户需求产生的价值重组。以市场需要为导向的价值链再重组，势必极大促进传统产业价值的提升和增值，同时产业融合的横向关联性又极大促进了产业价值观的快速传递。

第四，推动区域经济协同。产业融合将打破传统的产业垂直分工的特征，而更加强调各个产业的横向合作。而产业经济最终要落到空间上，这必将带动各个产业在空间上更加协调发展，进而调动区域经济的协同。

二、"互联网+"时代的高度产业融合

互联网、大数据和智能制造等新的科技的兴起，将彻底改变消费模式。随着移动终端多样化的发展，智能终端如可穿戴设备的兴起，以及云计算和大数据的处理能力，互联网逐渐改变消费者的个体行为习惯，消费者的习惯改变传导到企业，会深刻改变企业的运作管理方式与服务模式。人类正在经历从大工业生产到大规模个性化定制的时代，必将促进产业融合进一步向产业集群变迁，网络化生产、去中心化等特征表现得日益明显。

"互联网+"时代的产业集群主要表现为以下几大特征：

（一）云平台经济

随着互联网的冲击，未来的产业集群形态越来越趋向一种以"消费者价值观"为中心的、线上线下结合的云平台生态结构。例如，小米的智能硬件产业集群、上汽的全流程互联网化、义乌的在线产业带，都是在试图搭建一个线上线下结合的平台生态集群。下图是某国际物流企业的平台化生态集群结构。

（二）流量经济

互联网打破了传统物理空间的限制，促进了信息流、人才流、资金流

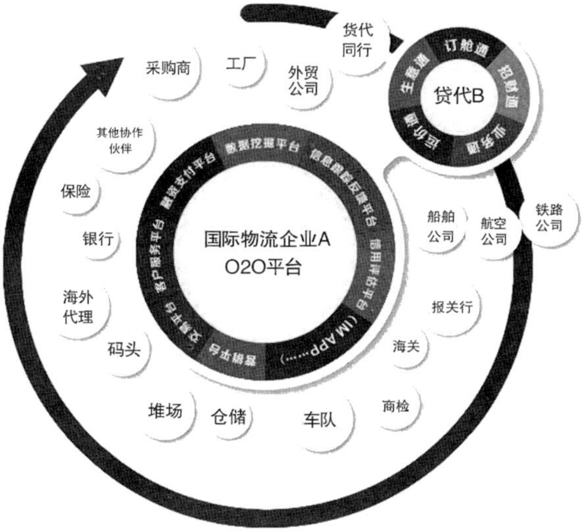

国际物流企业A业务生态圈

和物流的更加高效整合，将形成新的多层次多元化的流量经济。这主要表现在三个方面：一是互联网促进各种资源的更有效配置和高效流通，促进整个经济系统的“血液”快速流动和快速的“新陈代谢”，向更可持续的方向发展；二是互联网促进传统产业间的价值流、数据流和物流的快速流动，使得产业发展更加高效和可感知化，生产者和消费者之间能更加良性地互动；三是流量收费模式将引发社交领域和文化创意产品方面基于人口红利的消费模式。随着物联网和智能设备的发展，未来进入智能化社会后整个社会的生产生活的各种解决方案都将可能采用“流量”收费的模式。

（三）社群经济

社群经济是指互联网时代由一群有共同价值观的用户聚集在一起交流，从而对产品品牌产生反哺的价值关系，这是一种建立在产品与粉丝群体之间“信任感+价值反哺”形成的自运转、自循环经济系统。产品与消费者之间不再是单纯功能上的连接，消费者开始在意附着在产品功能之上的口碑、文化和人格魅力等，从而建立情感上的无缝信任，这种信任形成了新的消费模式。

三、产业融合与新型城镇化关系

产业融合带来人们生产、生活活动的日益融合，对城镇化的功能空间带来了新的影响。同时城镇的功能结构优化也将有利于产业融合向更加良性的方向演变。二者在资源集约利用、生态文明建设和文化包容性等方面形成了相互联动的关系。

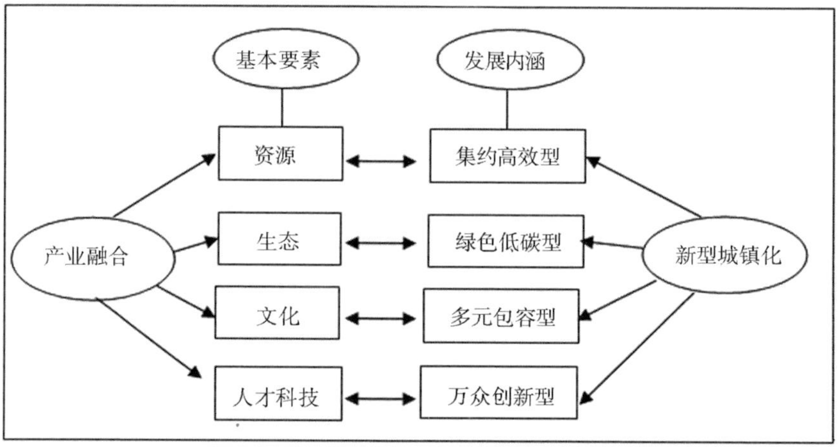

产业融合与新型城镇化耦合关系

一是从资源的集约利用来看，产业融合促进了更加集约高效型城镇化。由于产业融合带来的人的生产生活方式融合，解决了原来“条块化”的组织形态和空间格局，加大了单位土地上的“经济活动密度”，提高了土地、自然资源和公共服务设施的利用效率，这有利于建立集约、高效和紧凑化的新型城镇化。

二是从生态文明建设看，产业融合促进了更加绿色低碳型城镇化。产业融合带来的人的组织活动的融合，势必对承载空间提出更高要求，所需要空间更人性化、建筑更绿色环保、环境更友好，带动技术、产业、生态和城市的有机融合，形成多元化和智能化的生态城镇。未来在新能源利用、生态社区建设、绿色建筑和智能交通等方面将形成绿色和科技融合的趋势，有力地促进更加绿色、更加低碳的新型城镇化建设。

三是从发展内涵来看，有利于建立更加多元文化和包容型城镇化。产业融合的驱动城镇化结束了原有的“条块化”的功能布局，形成高度融合和情感化的交互空间，未来的城镇不仅具有简单的居住和工作功能，而且汇集了休闲、创业、社会活动和商业等综合功能，必然在城镇的布局上更加强调“主题化引领”和“微组团式结构”，从而改变“千城一面”的现状。

四是从发展质量来看，有利于建立人才和科技资源更加集聚的创新型城镇化。产业融合带动了多元包容的城镇化，各种科技人才、融资机构、营销人员和创新创业者间的交流和互动更加频繁，人流、信息流和资本流将按照“集聚—裂变—集群”的演绎向更加良性的方向发展。科技和多元化人才等创新要素的集聚，有利于孕育创新并促进创新成果转化。

第二节 城镇化集聚模式创新

一、城镇化集聚类型

创新产业集聚，驱动城镇化发展，产生了不同类型的“城镇组织单元”，这些“城镇组织单元”根据不同的地理属性和资源特征，组合成了中心城区、产业新城、城郊卫星城、重点特色镇和新农村社区等城镇形态。

（一）中心城区

主要是指那些成熟的、位于城市中心的、有大规模非农业人口集聚的大型城镇聚落，包含社会交往、文化交流、商业交往和生活居住等多种区域。中心城区功能主要包括社会功能、人居休闲、产业发展和服务支撑。

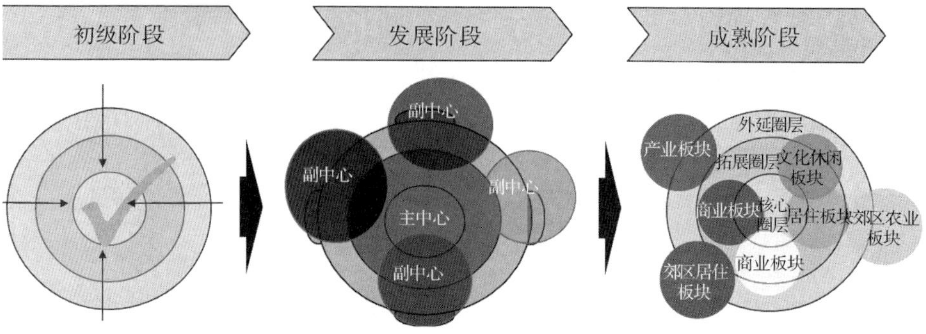

单中心城市扩张　多板块共同发展　板块分工，功能融合

（1）社会功能。指其根据所属城市的职能和性质定位，承担的社会功能平台作用。例如，北京是全国政治文化中心，上海是全国的金融中心。

（2）人居功能。指中心城区提供了人们居住休闲的功能空间，由若干个大小不一的居住单元和休闲单元组合而成。

（3）支撑功能。包括城市管理、服务配套和硬件基础设施等，是确保中心城市城镇系统良好运行的支撑。

（4）产业功能。中心城区也承担了一些产业功能，如现代商业、科技产业和总部经济等。

纵观现代城市的发展历程，大多会经历从单极发展到多板块发展的阶段，最终进入各板块分工明晰、功能不断融合的发展阶段。

（二）产业新城

产业新城是产业驱动的城镇发展的典型形态，产业与城市互动，成为“城强业盛”的产业新城，相比中心城区更加强调产业功能的主导作用。根据主导产业的类型，又可分为工业新城、商贸新城、科技新城、文创新城和总部经济新城等。

（三）城郊卫星城

城郊卫星城是指位于大城市边缘，承担疏解主城区的部分功能的城镇。城郊卫星城的发展与城市中心区域存在很强的依附关系，城郊卫星城的特点是定位比较鲜明，或是文教，或是科技研发，或是居住休闲。发展城郊卫星城是依据沙里宁的“有机疏散”理论，克服“大城市病”的一种国际通行做法。例如，大伦敦规划、东京的都市区规划，都是在主城区的外缘打造卫星城或“副中心”。

发展城郊卫星城一方面必须以“产城融合”为理念，形成一个比较完善的“产、城、业”一体化的自我完善的系统；同时和主城区间有“绿隔”，避免出现城区间的连片状态。

（四）重点特色镇

特色镇是指那些具有特色功能、特色文化或特色产业的小城镇，规模在3万～10万人，既有建制镇，也有非建制镇。位于城市乡村之间，是城市之尾和乡村之首，同时也是城乡间互联互通的“纽带”。绝大多数镇都是从农村聚落发展而来，具有很强的地域文化传承和展示的功能。因此，特色镇应该规避“大城市就是小城镇未来”的思想，更多地把打造特色作为衡量标准，围绕乡土文化做文章。

（五）新农村社区

新农村社区是新型城镇化中的最小“细胞”，是在农业的产业化发展和土地的集约化利用的驱动下，形成的生活和工作集聚形态，除了生态宜居功能外，也融入了农产品商贸、旅游、行政和文化服务功能。其重点工作包括：一是新民居建设，通过宅基地管理和新民居建设安置本地人口和迁入村民，改善农村人居环境；二是新社区建设，建设社区综合服务平台，引导卫生、文化、体育、民政、科技和社会治安等公共服务进入农村社区，提供“一站式”服务；三是产业基地建设，通过自身特色产业及相关服务业规模化、规范化的发展，对周边基层村起到辐射带动作用。

二、产业融合的新型城镇化集聚模式

产业融合给新型城镇的空间结构和社区治理带来了全面的推动，出现了“产业小镇”的崭新形态。

（一）产业小镇概念

在双创驱动城镇化的实践过程中，产生了“产业小镇”这样一种城镇化集聚形态。产业小镇和产业新城不同，它是以村庄或镇为基础，随着产业集群的扩散，形成新型城镇化的一种新形态。产业小镇和传统的旅游小镇不同，不局限于旅游产业，而扩散至纺织小镇、木工小镇，更有互联网小镇、金融小镇。产业小镇也不是产业园，里面不光有生产区，也有生活区，生产与生活互相交融，十分方便。产业小镇并不是具体的行政区域，而是一个管理平台、服务平台、宣传平台。

（二）产业小镇类型

1. 制造和服务业融合的产业小镇

随着制造业服务化的趋势，制造业和服务业更加呈现出了一种融合趋势，发展“2.5 产业”和分布式智能制造成为一种趋势，产业区和生活区的功能边界开始被逐渐打破，在空间上也呈现了一种产城融合的形态。

2. 多元服务业融合的产业小镇

一方面，多元化的服务业相互融合并按照功能和主题为核心形成服务业生态群落，如中央商务区、休闲娱乐区和商务休闲区等；另一方面，随着互联网发展及新都市理念的深入人心，将最终形成一个个“主题化的社区细胞”，每个社区按照不同的主题形成不同的“线上线下结合”的服务业融合形态。

3. 一、二、三产业融合的产业小镇

这种小镇主要发生在城乡接合部，大都市生活水平的提高和多元消费的诉求，催生了农业从传统的第一产业向第二、三产业功能转变，并在此基础上形成了种植、生产、体验和科普等多元复合的田园城镇模式。这种产业融合带动的产城融合模式直接带动了农民就地创业就业，可成为我国一些地区就地城镇化的示范。

（三）产业小镇空间融合方式

根据具体的空间融合形态，产业小镇的融合方式主要有：外部融合型、内部融合型和混合型类型。

一是外部融合型。即工业区与新城、新市镇等实现联动发展，通过完

善工业区的配套设施和交通条件，促进工业区、居住区、商业区和休闲娱乐区等相关功能区块之间的有机融合，打造有利于工业区发展的外部环境，同时，通过工业区的快速发展带动周边区域和城镇的整体发展。

二是内部融合型。即实现工业区内部“居住、工作和生活”等功能的融合，促进科技创新、高端制造和生产性服务业等新兴产业的发展。

三是混合型。这个类型主要指按照主题特色，形成的混合相兼的模式。

三、“互联网＋”时代的城镇理想

随着互联网技术的进步，整个社会的生产工具和传播工具不断普及，供应需求间的中间环节也逐渐缩短，势必导致不同于过去的新经济形态由工业时代的规模经济时代转向“个性化定制时代”。工业时代以空间集聚化为表现形态的大规模生产、大规模的采购方式将进一步弱化，小型的协作化生产形式将进一步涌现，新的供需方式（如电商）将日益活跃。“互联网＋”时代的社会形态具有以下特征：

（1）空间云集聚。有别于工业时代僵硬的规模集聚，形成了若干“云组团”，每个“云组团”都是一个功能综合体，有机组团化、功能混合的综合体将成为城镇的代名词。

（2）社会协作化。人类的活动组织形态从工业时代垂直的“金字塔”结构变成了横向的协作，每个人都可以自由表达自己的想法，或通过第三方组织把自己的想法变成具体的“产品”。

（3）连接信息化。人与人之间的连接方式打破了传统的“物理空间限制”，形成了“信息化连接”；同时随着移动互联网、物联网技术的发展，人和物质世界、物质世界和物质世界也产生了“智慧连接”。

（4）生活低碳化。人类开始纠正工业时代的错误，寻找更加绿色的发展和生活方式。绿色建材、绿色食品和绿色环境将构成这个时代的生活方式。

（5）文化多元性。形成一系列的“亚文化组团”，告别原有对待文化的极端方式，原有的文化不是被破坏，而是通过新的技术手段和新的文化形态重新融合和创新。

“互联网+”时代也将对未来的城镇形态提出新的要求，旧有的城市“摊大饼”结构将难以为继，未来的城镇发展更加强调“功能有机疏散”，组团间的人际交流，或是“物理层面的高速公路”连接，或是“信息化的高速公路”连接。具体表现在大型的城市将由单一组团不断分化，变成若干的“功能组团”和“亚文化综合体”，若干个日常性的功能组团通过物理交通连接和绿色屏障，共同组成“生态导向型”大都市区，中小型功能组团，围绕在大都市区周围形成不同特色的中小城镇。

“互联网+”时代的城镇形态暗合了霍华德的田园城市理想。过去受技术条件和基础设施等综合限制，它在当时只能是一种伟大的理想，未来的新型城镇化形态，完全可能实现田园城市的理想。

第三章

双创驱动新型城镇化的实现路径

在广大的农村地区，双创具有非常特殊而重大的意义。

首先，农村地区范围广，覆盖国土 2/3 面积和 1/3 人口；其次，农业处于产业更新期，具有技术革命爆发的特点；再次，农产品属于市场热捧区，商业价值高，激发创业资本进入；最后，农村地区向来是政策密集区，有对口扶持资金。因此，农村是双创的广阔天地和主战场。

恰恰这样的主战场，又是双创的处女地。社会对于双创将更多的资金和关注点投放在城市，而忽略了农村的创新主战场和农民的创业者身份。本章将从“产业创新”“主体创新”和“载体创新”三个角度，分别详细论述农村地区双创驱动城镇化的实现路径，即农业作为农村的主要产业进行多种方式的融合创新，农民以其突出的创业者精神和技能成为农村双创的崭新主体，多种形式的创业园、产业小镇等成为新型城镇化的创新载体。大量产业创新带给农民就业机会，农民也可自主创业。通过就地创业、就业，农民的生活水平得到改善，幸福感得以提高，以此实现农民的就地城镇化。

第一节
农村双创的产业创新

一、农村产业发展轨迹

中央一直高度关注农村产业发展，长期以来对农村产业给予了很大支持。新中国成立以来，农村产业有了长足进步，农村产业基本沿着第一产业—第二产业—第三产业的轨迹发展。

（1）第一产业——农业：从新中国成立初期的小农经济逐渐向规模农业发展，但是规模化程度不高，大多数农村地区还是处于农民自发的小农经济，规模农业快速发展的同时却带来了产品供应与市场需求不对称以及食品健康等问题。

（2）第二产业——工业：工业强县是很多东部沿海农村以及资源优良型城市的发展之道，它们带来了改革开放的第一波经济发展。但是全国发展不均衡，一些沿海地区靠工业强县发展之后却带来了生态环境被破坏严重的后果。而在另一些欠发达地区，是承接这些发达地区转移的污染产业，还是另辟蹊径寻找发展之路，是需要重新思考的问题。

（3）第三产业——服务业：一些具有交通优势和旅游优势的农村地区大力开展第三产业，是一个较好的选择。假如在这个过程中注意环境保护，同时产品又有很好的市场前景，那么它不失为农村产业发展的一条新路径。

国务院2016年2月6号发布的《关于深入推进新型城镇化建设的若干意见》，明确指出在农村地区要注意第一、二、三产业联动发展。这是党中央国务院清醒认识到市场变化对农业提出的一条崭新而实用的道路。从一产＋三产、一产＋二产到一产＋二产＋三产，多种组合发展的方式能有效地解决现有问题，促进社会经济。

二、农村产业创新的历史机遇

我们所处的时代是一个飞速发展的时代，有着与过去相当不同的时代特征。

（一）大健康时代

我们处在一个全社会越来越关注健康的时代。首先，是食品健康，各类食品安全问题频出，促使全社会各阶层都高度关注农产品的健康生长；其次，孕妇、学生、婴儿和老人等特殊人群对健康的需求更加迫切；最后，不只是食品，包括化妆品、衣服鞋帽和装饰材料等，人们也都开始追求有机绿色的原料生产的产品。

这些现象都说明，相当多消费者对产品健康的敏感已经超过了对价格的敏感；同时，这类人群在逐渐壮大，已经形成固定消费阶层。这就足以支撑农业中的一部分可以往特色健康农业上发展，如有机农业、乡土农业、时尚农业等。①

（二）互联网时代

互联网是这个时代给予我们最好的礼物。互联网的快捷完全打破了传统的销售模式，直接的O2O使订单农业有可能实现，并且互联网的远程可视性解除了消费者对食品安全的顾虑，消费者可以全程监控生产者的生产过程；同时，迅速发展起来的物流业为农产品的异地快捷运输提供了保障。

传统农产品商业模式是“规模生产＋多层销售”，由于农产品经过一级批发、二级批发、三级批发，销售环节众多，占用成本很大，因此摊薄了农产品利润。无奈之下，农民大量采用化肥农药以增加产量，导致食品

---

① 李铂榕．中国城镇化建设模式．北京：国家行政学院出版社，2013年2月1日第2版：第190～191页．

安全逐渐成为大问题。人们对健康的追求已成为不折不扣的全民刚需。

“大健康+互联网”时代将对农业产生巨大的影响，无论是产业的内容还是产业组织的方式都将迎来历史性的变革。

三、农村产业创新特点

住建部《城乡统筹规划与建设模式》农村产业创新子课题组在全国各地经过数年的项目实践和深入辅导，总结形成《农村创新产业项目库》，梳理出38种适合农村发展的创新业态，并对它们的适用性作了特点分析。

（一）业态创新类别

项目库中对5大类农村业态进行了业态创新。

1. 特色农业

这些业态以特色种养殖为主，经济价值高，适合农民的中小型规模经营。

	类　别	项目名称	业态特点
A1	蔬菜	御厨食材基地	作为品牌餐饮企业的食材基地
A2	牧业	都市牧场	牧场和旅游的结合
A3	香草业	香谱十二道	香草种植与养生旅游结合
B1	水产	花泉鱼池	水八珍和山中宝的种养殖结合
B2	瓜果	瓜瓜乐园	瓜主题产业园
B3	林下	林下总动员	林下产业主题产业园 （菌类+山野菜+中草药+旅游类）
B4	瓜果	一沟十村十果	沟壑经济（果树+旅游产业带）
C1	中草药	百草园	中草药产业园（种植+加工+休闲）
C2	中草药	药膳庄园	中草药种植+品牌餐饮
C3	茶业	听茶三十里	种植+品茶+斗茶+茶庄

这些“特色种养殖”脱胎于传统一产但进行了大幅提升，区别就在于是第一、二、三产业联动。比如“香谱十二道”既包括香草的大面积种植，还包括香精的加工提炼区，更有与婚庆结合的香草婚纱公园。

2. 都市农业

这类产品给传统农业插上了时尚的翅膀，农产品变成了装饰品、艺术品，从而大大提升了其经济价值。

	类　别	内　容	简　介
E1	都市农业	阳台菜园	家庭阳台种植架、箱等系统
E2	都市农业	屋顶菜园	住宅、写字楼、商场等6类屋顶菜园
E3	都市农业	鱼菜共生	水族箱与鱼菜共生系统
E4	都市农业	窗台菜园	家用小型艺术盆栽
E5	都市农业	用菜来装修	农博会园艺布展技术与时尚办公室装修结合
E6	都市农业	坐电梯的菜园	垂直农业产业化技术
E7	都市农业	茶几上的果树	矮化果树园区

比如，“鱼菜共生”系统本来是生态农业的一种做法，但与办公室人群渴望自然的需求结合后，办公室或家庭内的水族箱改成了“鱼菜共生水族箱”，消费者既可欣赏自由戏水的鱼，同时还可以收获蔬菜，更可生动理解循环经济原理。农民加工“鱼菜共生水族箱”，成本区区几十元，但是售价可达上千元。同时，这类创农产品可以重复生产，适合批量规模经营，进一步提高了经济效益，是农民致富的快车道。

3. 科技农业

这类项目由于采用大量高新农业技术，大大提高了劳动生产率，降低了生产成本，从而提高了利润。例如，光伏农业，一方面可以利用光伏发电，另一方面，又可以进行种养殖，属于立体生产，劳动效率当然提高了。又如，植物工厂，采用先进的物联网技术，对植物的光照灌溉全部数控，大大提高了产量。

由于技术含量高，初期资本投入较大，这类项目适合于工商资本进入农业后投资发展。

4. **旅游农业**

无论是面向年轻人的蜜月村，还是面向老年人的农耕养老村，都把农业和旅游结合，溢价率高。产品形式丰富，便于家庭形式的农户参与。

5. **景观农业**

得益于城市建设的高速发展，社会对景观苗木的需求非常大，售价近年来居高不下，而苗木生产相比较农作物生产，管理更加粗放，生产成本更低。因此，苗木种植利润率较高。

以上5类项目从投资额的角度可分为3种，适合不同组织参与：

大型投资类：投资规模在2000万元以上，主要为规模农业和大中型休闲旅游农业，适合外来工商资本参与；

中型投资类：投资规模在500万元～800万元，为主题种植园，适合农业企业参与；

小型投资类：投资在30万元～80万元，适合农民大户和合作社，主要为特色种植。

（二）创新业态的特点

第一，第一、二、三产业融合以后，可以大大提高经济效益。一方面，消费者的需求多样化了，有的对农产品本身感兴趣，有的对田园风光感兴趣，有的喜欢特色农家饭；另一方面，对农民来说，在同一片土地上可以展开多种经营，无疑增加了收入，同时还是一个个微型的循环经济，降低了成本。

第二，强调“品牌”的作用。过去农民收入不高，主要原因在于其农产品没有品牌，销售价格得不到提高。这些创新业态里，每一个项目都有一个朗朗上口的品牌名称，也有整套的VI设计，更有品牌推广计划，帮助农民在生产之初就开始品牌实施。

第三，空间与生产特点结合。过去的乡村空间由于只有生产功能，并不考虑空间的美感以及带来的经济效益。一些空间设计师沿用城市的空间设计方法，割裂了乡村富有魅力的空间，也是不可取的。在这些创新业态的项目库里，对每个项目都进行了空间与生产功能精妙的结合，也是项目效益提高的重要原因。

第四，采用“小企业＋平台”的管理创新模式。项目库中很多项目适合家庭农场等小微企业进行精细生产和服务，但是，开辟市场、建设品牌又需要一定规模。项目库中很多项目的成功实施得益于采用“小企业＋平台”的模式，家庭农场是一个个主体，独立经营，这样，产权清晰，农民有积极性。同时，政府或农民合作社建立服务平台，由平台进行统一的品牌建设和推广，制定统一的质量标准。

这样的管理创新对项目成功的作用是决定性的。否则，一个个家庭农场阶段的小微企业，即使面对蓬勃的市场，仍然不能完成这么多工作。而采用由工商资金导入的方式进行生产，一方面，农民变创业为打工，积极性不高；另一方面，外来企业家除了要面对市场外，还要熟悉当地土壤和气候等条件才能组织生产，生产成本大大增加，项目成功概率也会降低。

四、农村典型创新项目介绍

农村创新业态实践过程中，会碰到很多问题。住建部《城镇统筹规划与建设模式》课题组通过对一些具体项目的实践，结合不同类型的问题，摸索不同的解决办法，从中总结出一些规律。

（一）特色农业——一村十品十园

1. 项目介绍

这是一个沟壑经济的典型案例。

这个深藏于大山之中的沟里有 10 个村子，宛如一串串着 10 颗璀璨珍珠的项链。这 10 个村子盛产多种水果，由于光照时间长、土壤肥沃，所产苹果、柿子和山楂等作物有着与平原地区完全不同的品质。经农业检测部门检测，多项指标优良。但过去由于交通不便，不为人知晓，当地农民也过着较为艰苦的生活。

旅游专线的经过，给这条深山峡沟带来了发展的良机。基于自身特点，提炼出“一村十品十园”，即每一个自然村提炼出一种具有代表性的果品，修一条交通环线，将10个村子一一串联起来，这样，既修通了生产运输线，也修通了外来游客的参观线。明确了各个村的主打果树品种后，村委会请农科院进行了品种改良，淘汰落后品种，引进国内外先进的种苗和种植技术，生产过程中也随时请专家进行辅导。更重要的是，村委会对这些本已天生丽质的水果又进行了专业的品牌设计，使之在投放市场时得到更多溢价。

通过这轮改造，这条深山里的山沟，变成了“百里画廊、山水长卷”，更有“十村十品、山珍果蜜”，使得“乡亲、游客两相宜”。

2. **重要意义**

“一村十品十园”最重要的意义，在于这是一个农民自治的大型项目，为农民靠自己的资源和能力而不是由外来资本完成大型项目蹚出了一条路子。

过去这样的大项目，往往都是靠外来资本操作的。既然是外来资本，必然会有土地流转的问题，农民失去了土地，需要转移到城市去；投资者需要为土地流转和农民异动拆迁埋单，项目成本大大增加，同时由于对当地水土情况不熟悉，特色产业很难形成，因此很多类似项目最后都不了了之。而由农民来完成就不存在这些问题，但关键是需要把10个村子的农民组织起来。在这个项目中，10个村的村长首先把自己村子的农民团结起来，形成一个整体，大家有共同的愿望，靠自己的能力建设家乡。在此基础上，10位村长加强沟通，互相错位经营，彼此支持，最终形成了既统一品牌又各有特色的“天下第一沟”。

这个过程中，当地政府做了大量务实的工作：拨付专项资金帮助村庄形成旅游环路，帮助村庄完成“三通一平”，请设计机构帮每个村子的特色产品进行品牌设计，对接旅行社等。

可见，在地方政府和当地农民的共同努力下，这样的大项目仍然可以村民自治，仍然可以村民“众筹”，既保证有统一的形象，又保证农民是主体，农民可以留在世世代代居住的村庄里，生产生活两相宜，就地就近城镇化。

（二）都市农业——贴身又贴心的时尚农业

在《农村创新产业项目库》中，有一些贴身又贴心的小微农业，如：阳台上的农业——阳台菜园系列，屋顶上的农业——天空菜园系列，办公室里的农业——用菜来装修系列，餐桌上的农业——鱼菜共生系列，客厅里的农业——矮化果树系列，卧室里的农业——把菜当花养系列，小区里的农业——坐电梯的菜园系列等。这些创新都市农业从家里的农业，到办公室的农业，到大街上的农业，无不贴近城市生活，既贴身又贴心，还能产业化生产，因此，对农村经济可能是一条新出路。

第一，这些“小微”农业非常贴身。“把菜当花养”“用菜来装修”“种花不如种菜好”说的都是在家里、在办公室种菜的故事，随时可以实现，工作或家务间歇就可以实现，早晚都可以，不用开车远行到农村去，这样就大大增加了“种菜”的可能性，以及这些小微农业产品交易的可能性。就像互联网最大的特点是快捷方便一样，一种新的业态出现的基本要素和强大生命力在于它的方便快捷——这就是这一串小微农业“贴身”的价值。

第二，这些产品非常贴心。事实上，在家种菜收获的肯定不止是菜，更是一种更加健康的生活态度。正因为如此，农民提供的一颗种子可能就不是一颗种子，而是一张唱片、一幅画。所以，农民就可以按照一幅画的价钱来出售一颗种子。这就是“贴心”的价值。

第三，这些产品已经可以产业化生产了。产业化才能使之形成一种真正的业态，而不是仅仅所谓“创意”，因此能给农民带来真正的经济效益。比如，既然屋顶农业已经得到了政府的补贴，就应该认真地去研究它，把它们系列化、标准化，为下一阶段把它们真正变成产业打下基础。在土地越来越稀缺的时代，屋顶将是个非常重要的资源。

都市农业、小微农业，给乡村经济带来一种新的方向。因为在这个互联网时代，追求健康甚于一切的时代，一颗种子可能是比馒头和红烧肉被更多人更经常消费的产品。

（三）乡村地产——田园SOHO

这是一种传统房地产业与农业密切结合的崭新业态。它代表了一种消费者追求“办公与休闲两相宜”的精神需求和物质需求，有三种不同级别的形态：

1. **户外办公**

故事是从一个知青下乡承包林场开始，此举意外引来了众多朋友前来林中休闲度假，后来演变成在林中办公。在互联网时代，只要有 WiFi 就可以连接世界，就具有了办公的基本条件。户外办公变成一种新的办公形式，倍受欢迎，尤其是创意产业的企业更容易接受。

因为，“新鲜的空气带来新鲜的思路，新鲜的思路带来新鲜的财路”——新鲜空气原来是有经济价值的。互联网诞生在硅谷不是偶然的，硅谷是一个谷，是一个真实的郁郁葱葱、自由自在的山谷，而不是像某些号称创意基地充斥着广告、违章建筑和写字楼。所以，每一颗种子的成长是需要相应的土壤的，创新的思路也需要相应的自由的、清新的、富氧的空间。

“林下创意营”是个小小的开端，它的火爆揭示了这样的原理：在新鲜空气下办公成为大多数企业的常态需求。由此，诞生了后面一系列的 SOHO。

2. **田园** SOHO

“田园 SOHO”是一个坐落在乡村的大型办公社区。

每个入驻企业拥有一个乡村写字间和一个种植园，员工可以在这里办公、住宿和接待客户，工余可以进行种植特色植物、健身和唱歌等文化活动。这里成为一个生活生产生态俱佳的“三生小区”。“田园 SOHO”成功的原因主要有：

第一，每个入驻企业有一个特色的田园主题。既然是田园 SOHO，就要有田园的特征——也就是要有农业主题，所以，每个 SOHO 主题配置了不同的种植品种，这些种植品种一方面便于种植，有一定景观效果和经济效果，同时和行业特点、企业特点还有匹配之功。

第二，企业在田园办公已成为一种身份象征。一个企业在 CBD 办公，已经不是身份的象征了。传统 CBD 都在市中心，交通经常堵塞，快递都进不去，效率很低。同时空气污染严重，24 小时都必须关着窗户，这样的地方是接待客户的好地方吗？田园 SOHO 既有优美的环境，乡村交通又很快捷，田园办公成为时尚企业的选择。

第三，强大的服务系统支持乡村办公。这些年国家对互联网产业的大力支持，使农村的信息化建设和城市基本同步，而且由于用户少，速度更快；同时，第三产业的发达也使在乡村办公生活怡然，可以享受到城市里的西餐、咖啡、电影和医疗等文化生活。

3. 新农人创业园

新农人创业园是为新农人量身定做的创业园。

首先对四种下乡创业的新农人——职业农民、下乡知青、工商资本和大学生进行针对性分析。对他们的创业动机、资本情况和技能情况，都逐一进行分析。经过大量的调研发现，他们各自的需求重点是不一样的。然后在此基础上，针对不同创业者的需求，确定创业园中每个地块的面积、位置和品种等。在创业者进行创业过程中，还随时提供各种他们需要的服务，包括生活上、政策上和技术上的各种需要。

综上所述，农村产业创新，使创新农业在农村重新成为支柱产业，使新农民重新成为农村建设的主体，农民就地创业、就业得以实现，乡村文化得以延续，乡愁变成乡恋，农民的幸福感提升。收入的增加拉动了内需，加上基础设施提高，农民实现了就地城镇化。这种就地城镇化，是成本最低、对生态的破坏最少、最可持续的城镇化。

第二节
农村双创驱动新型城镇化的主体创新

主体创新是双创驱动城镇化的原动力。中央提出“大众创业、万众创新”的“大众”“万众”，体现了中央对创业者的“众多”以及“普遍”的深切关注，创新不是少量科技人员的事情，尤其在城镇化进程中，需要焕发广大农民作为创业者的激情。

农民拥有土地的使用权，生产的产品又能自己销售，其过程本身就是创业行为，但是没有得到应有的认定。在社会对健康农产品需求日益旺盛的背景下，农民的创业行为更应该得到扶持。在新型城镇化实践中，逐渐涌现了一批农三代、二次下乡创业的知青和下乡的工商资本等新农人，这些新农人的创业行为给农村带来了崭新的面貌。

农民创业有其特殊的优势，同时也面临很多困难，需逐步解决。

一、为什么农民是创业者

过去，创业者常常会让人联想到大学生创业或科技人员创业，而忽略了农民作为创业主体。农民在自己承包的土地上进行生产劳动，产品直接面对市场，本身就是创业而不是就业行为，现代农业技术更是有很多创新内容。所以，农民是双创的崭新主体。本节将详细论述农民作为创新创业主体的意义和特点。

（一）新的历史条件下，农业已经迎来了崭新的历史发展机遇

1. 社会对农业有了崭新的需求

首先，社会对健康食品的需求成为刚需，这意味着不光农产品成为高价产品，更成为高利润产品。同时，一个热爱健康食品的消费阶层正在形成，意味着农业已经成为健康产业的一部分，健康农业正在成为一个高回报产业。

其次，农业延展为创意农业、旅游农业和文化农业等，传统一产向传统二产、三产延伸，形成了很多新兴产业，这些产业都给农业带来了迅速发展的历史机遇。

2. 市场需求需要农业有新的组织方式

新的市场需求需要新兴农业有新的组织方式，不是传统大农业，而是以家庭农场为主要组织形态的适度规模的小型特色农业。

这样的历史机遇和需求，都在呼唤农民成为创新创业的崭新主体。

（二）农民作为创业者的优势

1. 中国农民有创新创业的优良传统

30多年前的改革开放从农民个体承包责任田创业开始；农民在自己承包的土地上进行生产劳动，产品直接面对市场，本身就是创业而不是就业行为。

改革开放30多年来涌现的很多成功人士都来自于农村，他们身上具有创业者难得的优良素质。

2. 中国农民是优秀的创业者

按照现代金融市场对创业者的评判标准，农民也是优秀创业者。

现代金融市场如创业基金对创业者有一套评判标准，用这些标准来评判农民，农民也是优秀的创业者。

首先，创业基金关心的是创业者的产品是不是市场紧缺产品。答案是毫无疑问的，健康食品是无可替代的刚需，尤其在高消费领域。

其次，创业基金关心技术是否领先。现在的市场不再追求大农业温室出来的产品，而更推崇农业在自然条件下耕种养育出来的农产品，农民的耕种技术经过代代相传，对气候、土壤和肥力等的判断和田间管理，已经变成更加稀缺的技术，更多耕种手艺已经被列入“申遗”。所以，农民从事有机农业的技能同样是领先技术。

最后，创业基金还关心创业团队。农民创业者，自古以来独立面对市场，已经养就了坚韧不拔的意志和团结互助的习惯，加上家庭农场这种最适合的小型组织，恰恰构成了优良创业团队的要素。

3. 农民和大学生作为创业者的条件比较

和大学生创业相比，农民的创业活动更有优势，他们更迫切地呼唤创业基金关注这个崭新的市场。

创业者分类		市场	技术	团队
1	农民创业者	刚需	稀缺	可靠
2	大学生创业者	尽管想法也很新，但是达不到刚需的地步。多集中在互联网基础上的娱乐创新等。	由于年龄、经验原因，大学生创业一般技术含量较低。	表面上看比较合得来，但是遇到挫折后真正坚持下来的很少。

可见，农民是更值得投资的创业主体。

（三）没有把农民纳入双创带来的负面影响

长期以来，我们对农民和农村有着这样的误区：首先，不认为农民是创业者；其次，没发现农业已经演变成一个高端产业。我们始终认为农业是个弱势产业，农民是弱势群体，输血成为一个帮助农民振兴农业的主要手段，却始终没有真正把农民的造血功能，也就是创新创业机能激活。

在这样的主导思想下，自然出现了两种情况：

第一，个体农民放弃创业，转向就业（进城打工）。

第二，家庭农场让位于大企业集约化生产，工商资本进入农村，但是这类规模化农业是以大批量生产为特点，结果造成产品单一，并不能满足市场日益增长的个性需求。

农民放弃创业，转向就业，也是城镇化的一种方式。但是，这样做对农业行业来说，首先，特色农产品越来越少，产品越来越单一，白白错过了由社会对健康安全食品强烈需求所带来的特色农业大发展的历史机遇；其次，农民转移进入城市后，由于不能从事自己擅长的农业技术工作，转而从事家政和保安等自己不熟悉的领域，很多家庭还面临着不在一起生活的困境，幸福感下降；最后，个体农业在大多数地方还是普遍形式，大资金进入农村进行规模农业的情况还比较少。因此，在现阶段，支持个体农业，用孵化园的方式帮助、激发、保护农民创业，是值得一试的措施。

延续原来的思维，继续把农民当弱势群体，沿用输血的方式帮扶农民，必然带来诸多后果，一是加大了就业压力，城市无法提供那么多适合农民工的岗位；二是加大了财政压力，扶贫资金年年加码，却不能解决问题；三是加大了“三农”问题的破解难度，影响了全国人民奔小康的整体进度。

把农民当成创业者，把家庭农场当成一个个小微企业进行孵化，这是观念的重大更新，而且相比群体创业等显得更加迫切。因为全国还有3亿多农民，近1亿个农民家庭，其中，较为贫困的农民还有1000多万人口，他们不创业，就没有别的就业机会。如果政策帮助他们从被动创业转为积极主动创业，提高创业成功率，很多社会问题将迎刃而解。这是关系社会稳定的大事。

二、农村创业的典型人群

农村的广阔天地里活跃着三类创业主体，分别是农三代、工商资本和返乡知青。他们有各自不同的特点：

分　类	出发点	技能储备	资金储备	选择产业
农三代	热爱	优	一般	特色农业
返乡知青	怀旧	较好	较好	家庭农业
工商资本	利益	一般	好	产业化农业

（一）农三代

在这三类新农人中，“农三代”成为双创的朝阳军。

一代一代的农民走出农村进入城市，他们都心怀故乡，希望对家乡作出贡献。其中，最有可能改变家乡的是改革开放后的第三代农民。

第一代农民外出打工，第二代农民外出做小生意，第三代农民走出农村的方式却是外出读书。由于大学扩招，他们很多人都以读书的方式离开家乡，大学生活使他们积聚了改造家乡的必备知识财富。

他们对家乡有感情，有一定技术基础，对当地农民有一定带动性，熟悉互联网销售，有一定城市人脉。因此，他们的创新创业有新意、有特点、有市场，对他们的创新创业给予一定的资金支持，很快就可以打开局面，农三代是农村双创最好的带头人。①

（二）工商资本

这些年，工商资本下乡也呈现踊跃之势，对他们需要一分为二地分析：

一方面，他们具有资金优势、品牌优势、管理优势。工商企业一般从第三产业转型而来，经过了品牌战略的洗礼和获益，因此，非常重视农产品品牌建立和传播，这是对农业非常好的帮助。同时，由于这类企业一般都是大中型企业，具有一定的管理能力，也有训练有素的管理团队，对提高农村产业的产业化程度起了重要作用。工商资本在资金上的优势是毫无疑问的，但也是把“双刃剑”：资本带来农业发展，同时，资本的贪婪和逐利也带来了一些不正之风，个别农业企业生产假冒伪劣产品、农残超标等，伤害了农产品整体形象。

另一方面，工商资本进入农村后必然需要大面积地快速地进行土地流转，如果农民失地后的生存和发展安置不够，很容易引起社会矛盾。一些工商资本进入农村后并不从事农业生产，而是圈地储备，对当地经济的拉动作用和就业的环节作用不够明显。因此，对下乡工商资本应制定严格的资本下乡管理办法，对资本下乡的规模、从事产业、带动就业数量、拉动地方经济发展程度等作较为具体可行的规定。

返乡资本是一种特别可喜的现象。返乡资本指的是第一代农民在外创业就业成功后返回家乡创业。返乡资本有一定资本能力，对农民有感情，熟悉家乡情况，容易带动群众。他们的返乡创业比纯粹的工商资本出于利益原因进入农村的效果更好，对当地的经济带动性更强，也更能赢得农民的拥戴。

---

① 李铂榕．中国城镇化建设模式．北京：国家行政学院出版社，2013 年 2 月 1 日第 2 版：第 222 页．

（三）返乡知青

近年来，知青返乡成为一股浪潮，20 世纪 60 年代上山下乡的知识青年在他们逐渐步入老年时，不约而同地选择再次上山下乡。

和 40 年前的上山下乡相比，这次的上山下乡是自愿的，而不是被迫的；这次的下乡，是为了理想，而不是为了生计；现在的下乡，已经初步有了资金，不像 40 年前只有一身力气；现在的下乡，也有了城市一定的人脉，对帮助农产品销售能起到一定的作用。

因此，当年知青的返乡创业，相比工商资本的下乡，更有情怀；比起同样有情怀的农三代，他们又有着更多的资金实力和市场能力。

上述列举的三种创业人群中，对农村是否有感情是决定创业成功的重要原因，因为创业是需要付出巨大努力的，仅仅靠资金是不足以坚持的。在此基础上，不同的创业人群需要不同的针对性支持。

三、农民创业的主要困难

如前所说，每一个农民实际都是创业者，每一个农民都有一个小微企业，他们的生产过程经常碰到很多困难。

首先，农民作为一个个小微企业面临最大的困难就是市场问题。改革开放后，农村的生产方式从人民公社变成了承包到户，承包到户政策意味着农民的生产过程发生了重大改变，但是政府并没有对农产品的销售进行保障设计，农民需要对自己生产的农产品进行销售。不管是靠政府收购还是小贩收购，农民的农产品销售都没有保障。这一点不同于城市的创业企业，城市创业者在自己创业的时候首先会对自己产品的销售有初步计划和落实。但是农民没有选择，由于土地的属性，基本农田只能生产有限的粮食品种，而国家对有些粮食已经不再进行统购统销，农民销售无门，任凭小贩低价收购，导致谷贱伤农。这是农业生产的顽疾，也是改革开放初期土地制度改革时留下的后遗症，严重制约了农村发展，迫切需要解决。

其次，是资本问题。农民本身的资金当然是极其有限的，甚至不能维持生活，但是资金困难的原因在于资本层没有发现农村产业的巨大潜力，没有意识到农业作为健康产业的高性价比，同时农村资源不能作为资本性资源无法为抵押贷款提供信用。如果突破了这些，农民的资金问题解决起来就方便多了。

最后，是技术困难。相当长时间以来，农业成为一个不被看好的产业，农业技术人员渐渐转移到其他领域，农村更是难以享受现代化的互联网技术以及由此带来的市场的便捷性。所有这一切，导致了农村发展得越来越慢。

显然，这些困难将成为下一步在农村展开双创工作的突破口。

第三节
农村双创的载体创新

双创驱动城镇化，不光需要产业创新、主体创新，更需要有一个崭新的空间和平台去承载。在全国新型城镇化建设过程中，涌现了创业园和产业小镇等多种载体。这些载体体现了和以往城镇化集聚不同的特征。它们不光是优美乡村风景的空间载体，也是丰富多彩的产业载体，更是各项创新创业的制度创新载体。

一、创业园模式

为了鼓励农民创业，各地纷纷兴建农民创业园。和其他创业园不同，农民创业园有以下特点：

（一）“创业园”的准确内涵

“创业园”的“园”并不是单纯指“园区”，而是指“适度集聚”。从户数来说，可以一个村为一个园，也可5～6户为一个园，不同的种植业态集聚需要不同的规模，因此，“园”的大小不一。从管理经营主体来说，可以是农户与农户之间形成的合作体为主体，也可以是农户与外来创业者的结合为主体，也可以是下乡资本为主体，关键是要有效，具有带动作用。从空间上说，并不需要把土地集中在一起才叫“园”，分散的土地只要有统一的管理也是“园”。

“创业园”的“园”准确意义是“有序管理”。农民创业园借助中国特有的“园区”管理方式——尽管可能空间上是分散的，但生产是有组织的——不再是农户自发的自然经济行为。

“园区”是中国改革开放的一大特色，极大地促进了中国的工业经济发展。但是“园区”的精髓并不只是指大厂房、大马路，而是指第三方对一个产业链上的企业进行适度集聚后进行统一管理，这就是“管委会”方式。这种创新的模式快速推进了中国30年的改革开放，对今后农村地区经济发展也有借鉴作用：各个农户仍然是独立经营的，土地也不需要流转，但由“管委会”来统一进行品牌管理、技术辅导和市场对接，这一部分的管理费用由参与村民承担，但是不影响农户作为经营主体的存在。

比如，“一村十品十园”如果采用开发商模式，需要开发商整体买下或租下10个村的土地，然后统一安置10个村的村民住宅，同时还要安排10个村农民的就业或者以保险的方式安置，在此基础上才能进行统一生产，统一销售。第一阶段需要的资金极其巨大并消耗大量的时间。第二阶段则需要找到10个村的产业特色并进行高效生产，需要大量农业技术人员，同样很难实现。这个过程常常会耽误几个农业时令，造成田园荒芜。而“园区”模式，意味着10个村是10个经济主体，在一个管委会协调下，统一品牌特点，统一组织生产和旅游，各个村也就是各个园是独立经营的，不需要流转，农民也不需要集中安置，这种方式的成本大大降低，也增加了成功的机会。

所以，“园”的基本要素是有管理、有营销、有技术支撑。“园”的经营模式是：适度集聚、独立生产、品牌统一、销售统一。

（二）创业园的管理特征

农民创业园分线上线下两种，有着不同的管理特征。

实体农业创业园脱胎于“台湾农民创业园”，即由政府征收一定面积的农业用地开辟为农业园区，然后对社会开放，当地农民、外来职业农民和城市居民等都可以来此创业园进行创业。政府成立管委会，对申请者从技术和资金等方面进行测试，合格者成为创业园业主，管委会对创业者进行品牌管理、质量管理，进行资金扶持和技术、市场支持。

农村创业平台是线上管理平台。农民土地不集中在一起，但是由政府建立信息化平台，政府通过信息技术帮助农民进行品牌建设和销售推广，在网上履行创业扶持手续，平台农户就可享受到相应政策和市场支持。这种形式容易实施，容易推广，也能把中央对农村的关心贯彻到实处。

（三）创业园的空间特征

农民创业园共有三种空间形态：

第一种，松散的农民创业集合体：农民作为散户进入园区，土地不集中，但管理是统一的；第二种，集中创业园：农民土地集中在一起的封闭产业园；第三种，农业产业园区：政府投资的现代化技术突出的农业高新技术园区，常常作为展览馆农业存在。

创业园是双创时代的组织创新、管理创新和空间创新。创业园集聚了土地和人力，由于一定程度的空间集聚，基础设施改善的成本降低，因此农民的生产和生活水平都得到提高。同时，创业园是农民有组织的创业行为，既提高了农民的管理水平和产品的标准化，也使农民创业者的自信心增强，幸福感增加。创业园的蓬勃发展有效地促进了新型城镇化的发展，对拉动内需和区域经济发展起到了积极作用。

二、产业小镇模式

在全国新型城镇化建设过程中，产业小镇是一个创新载体。产业小镇以原有村落整治为基础，同时注入新兴产业，形成新的生活生产一体化的新型城镇化空间。产业小镇不同于原先的旅游小镇，包括了从一产到三产的不同创新产业。产业小镇又不同于原先的产业园，它强调生活生产密切融合。

（一）产业小镇的内涵

产业小镇是城镇化进展到一定阶段后产生的一种新形态，是产业创新与新型城镇化的有机结合体，是双创驱动城镇化的载体创新。

传统的城镇化路径是农民进城就业，但城市无法提供大量合适的就业岗位，而农民离开自己擅长的农业生产没有成就感和幸福感。随着农业向现代健康产业、旅游业等延伸，农村产业有了很多创新，很多创农企业落户农村，农民不需要到城市就可以原地就业。若干个特色创农业态的集群就形成了产业小镇。

通过产业小镇，农民就地城镇化，生活生产都有了保障；通过产业小镇，农村产业得到一定集聚，经济得到发展；通过产业小镇，农村基础设施得以集约化建设，农民居住水平得以改善，农民幸福感增加。

（二）产业小镇的特点

1. 制度创新

产业小镇“非镇非区”，是创新发展平台。产业小镇不是行政区划单元上的一个镇，没有行政建制。产业小镇也不是一个产业园区的一个区，也不是风景区、开发区、高新区，它不是单纯的大工厂，而是聚焦特色产业，融合文化、旅游和社区功能的创新创业发展平台。

2. 产业创新

产业小镇产业定位“一镇一业”，每一个特色小镇都主攻信息经济、金融等现代产业或茶叶、丝绸和黄酒等传统经典产业，而不是“百镇一面”，每个镇要把该产业做强，要占领市场制高点，而不是简单的集聚。

3. 功能创新

产业小镇应根据地理位置、历史文化以及现有产业分布的实际情况，形成各具特色的产业发展经营模式，如都市农业型、商业贸易型、工业旅游型、文化旅游型、文化教育型、房地产经营型。

4. 空间创新

产业小镇形态打造要突出“精致”，展现“小而美”。“小”就是规划面积一般控制在3平方公里左右，建设面积一般控制在1平方公里左右。“美”就是所有的特色小镇都要建成3A级以上景区，其中旅游类特色小镇要按照4A级景区标准建设。

（三）产业小镇制度创新

产业小镇的制度创新是重中之重，各地有很多做法值得借鉴。

根据产业小镇建设过程中投资主体的不同，产业小镇建设模式可分为管委会投资和社会资本独资、混合所有制合作投资和村集体自筹资金四种。

第一种，管委会投资。由管委会作为出资方对原有行政村进行拆迁改造并配套公共服务设施，按照分区规划就地或在周边区域投资建设产业小镇。

第二种，社会资本独资。管委会通过招商引资吸引社会资本投资开发建设产业小镇。

第三种，混合所有制合作投资。以合作制为基础，采取股份制的做法，由管委会、当地政府、企业和农民共同出资组建公司，改造建设的小镇。通过引导广大农民围绕特定产业发展经济，通过“一村一品、一户一业”形式，进行市场化运作，在“家门口”进行自主商业经营。

第四种，村集体自筹资金。由管委会引导，村集体自筹资金，对村落进行整体改造建设。

（四）产业小镇评价标准和全国产业小镇建设情况

产业小镇不是走过场，不是形象工程，衡量产业小镇建设是否成功有以下四个标准：

（1）是否有利于农民获益。建设产业小镇是以社会建设推动新型城镇化建设的重要载体，也是推进城乡一体化的重要抓手。产业小镇建设涉及广大农民利益，农民获益了，满意了，是建设产业小镇的基本要求。

（2）是否有利于产业集群。产业形成集群才能更有竞争力，生产成本也会更低，更多的企业入驻，才能吸纳更多农民就业。所以，是否形成产业集群是产业小镇的衡量标准。

（3）是否有利于节约用地。在产业小镇的建设中，通过对农民的集中安置，有效整合闲散土地，提高土地利用效率，提升单位面积人口承载力。节约用地是产业小镇建设的一个重要标准。

（4）是否有利于乡村文化传承。乡村文化和乡村风景是不可再生的财富，是几千年中华文明留下的丰厚遗产。小镇的建设，要保留乡村的特有风貌，要看得见山，看得见水，承载得住乡愁。

产业小镇作为新型城镇化的一种崭新载体，各地都开始积极推进，陕西、浙江、贵州和云南等走在前面。早在2013年，陕西西咸新区就全面制订了“优美小镇”的建设计划，并取得了显著成就。浙江开展了“特色小镇”建设，一批“互联网小镇”和“金融小镇”等涌现出来。贵州基于自然人文特点，打造出如“茶马小镇”等文化内涵丰富的小镇。

产业小镇的建设带来了显著成效：

一是特色小镇正成为加快产业转型升级的新载体。每个小镇都集聚了大量的人才和创业资金，成为创新创业人才的首选地，成为转型发展、创新发展的主战场。

二是特色小镇正成为拉动有效投资的新引擎。

三是特色小镇正成为推进供给侧结构性改革的新实践。特色小镇为现代创业群体提供了个性化的创业需求供给，为不同的客户提供了有效的需求供给，在高质量产品供给上也有了新作为。

产业小镇的建设，使当地农民得到了更多创业就业机会，生活水平得到提高，幸福感得到增强。因此，就地就近城镇化是城镇化的一条新路径。

第四章

双创驱动新型城镇化的制度创新

用双创激活农民就地城镇化，这是历史赋予我们的机遇。但是，仅仅有农村产业的创新，农民作为创业主体的创新，创业园作为载体的创新，还是不够的。制度创新是这些创新的基础。只有制度创新，才能真正激活农村的创新实践。本章将对双创与城镇化的制度创新进行探讨。

第一节 双创和新型城镇化的政策方向

一、双创制度创新的精神

中央多次强调，要大力推动“大众创业、万众创新”，打造中国经济新引擎。推进大众创新创业，既是培育和催生经济社会发展新动力的必然选择，也是扩大就业、实现富民之道的根本举措。如果说大众创新创业潮流将推动中国这艘经济“巨轮”行稳致远，那么，深化改革就是推动创新创业的强大动力。要通过改革，破除束缚创新创业的障碍，让各类主体的创造潜力充分涌流，实现经济社会平稳快速发展。具体来说，可以从以下几个方面着手突破。

（一）深化商事制度改革，降低创新创业门槛

进一步简化中小企业和小微企业的工商注册程序，加快推行将工商、质监和税务分别核发证照，改为由工商部门一次性核发营业执照，实行“三证合一”模式，确保这项改革能尽早完成。利用互联网加快“网上审核”的建设进度，推进全程电子化登记和电子营业执照应用，减少企业办证成本。

落实到农村，首先要明确农民的创业者身份，将农民的经营行为确定为企业行为，根据经营能力大小等分为个体工商户、小微农业、中型企业和大型企业，为个体农民颁发营业执照，按照企业法进行登记管理，纳入管理和扶持的范围。

在此基础上，对接创业基金，进入孵化机制，这样，农民创业者和金融投资者都比较放心，整个过程也合理透明有依据。

当然，这个过程应该尽量低成本、手续快捷，不能损伤农民创业者的积极性。

（二）加强知识产权制度建设，激发创新创业活力

加快建立科技成果使用权、处置权和收益管理权“三权分离”制度，将财政资金形成的、不涉及国防安全的创新成果的“三权”全部下放，让研究承担单位获得处置权，企业获得使用权，创新者个人获得收益管理权，让创业者“合理合法富起来”。

首先要对农业科技工作者实施知识产权的保护，知识产权要清晰，积极倡导将知识转化为服务或商品，使他们可以放心地对农民进行技术支持，帮助农民创业者迅速成长。

其次，在大健康时代，农民对有机农作物的田间管理和精细种植技术都是不可复制的技术，应分类分级详细考核，使之具有知识价值和知识产

权并可交易，体现对几千年中华农耕技术的尊重。

（三）完善金融制度建设，促进创新创业便捷融资

全面落实扶持创新型创业企业发展的各项税收优惠政策，全面清理涉企收费，降低企业运营资金压力。鼓励商业银行提高针对创新型创业企业的金融服务专业化水平，创新管理方式和金融产品。同时，要进一步加快发展和完善资本市场，为企业提供更多的直接融资机会。

农民作为创业者，农民家庭农场作为创业企业后，就可以享受各级政府和社会对创新型企业的各项资金支持。

农民缺乏资金，是因为过去人们认为农民生产的产品没有竞争力，现在恰恰相反，健康食品是刚需，较之手机或互联网产品，农民生产的健康食品更加具有市场稀缺性，因此，更容易获得投资者的青睐。同时，农产品品牌也是农民的价值，可以作为金融支持的认证材料。

二、城镇化制度创新的精神

在国务院的《关于深入推进新型城镇化建设的若干意见》（以下简称《意见》）里，中央对新型城镇化目前存在问题提出了相应的政策解决方向。

（一）完善土地利用机制

《意见》第二十条至二十三条对推动制度创新提出具体意见：

第二十条规定，规范推进城乡建设用地，增减挂钩。总结完善并推广有关经验模式，全面实行城镇建设用地，增加与农村建设用地减少相挂钩的政策。高标准、高质量推进村庄整治，在规范管理、规范操作、规范运行的基础上，扩大城乡建设用地增减挂钩规模和范围。

第二十一条规定，建立城镇低效用地再开发激励机制。允许存量土地使用权人在不违反法律法规、符合相关规划的前提下，按照有关规定经批准后对土地进行再开发。完善城镇存量土地再开发过程中的供应方式，鼓励原土地使用权人自行改造，涉及原划拨土地使用权转让需补办出让手续

的，经依法批准，可采取规定方式办理并按市场价缴纳土地出让价款。在国家、改造者、土地权利人之间合理分配“三旧”（旧城镇、旧厂房、旧村庄）改造的土地收益。

第二十二条规定，因地制宜推进低丘缓坡地开发。在坚持最严格的耕地保护制度、确保生态安全、切实做好地质灾害防治的前提下，在资源环境承载力适宜地区开展低丘缓坡地开发试点。通过创新规划计划方式、开展整体整治、土地分批供应等政策措施，合理确定低丘缓坡地开发用途、规模、布局和项目用地准入门槛。

第二十三条规定，完善土地经营权和宅基地使用权流转机制。加快推进农村土地确权登记颁证工作，鼓励地方建立健全农村产权流转市场体系，探索农户对土地承包权、宅基地使用权、集体收益分配权的自愿有偿退出机制，支持引导其依法自愿有偿转让上述权益，提高资源利用效率，防止闲置和浪费。深入推进农村土地征收、集体经营性建设用地入市、宅基地制度改革试点，稳步开展农村承包土地的经营权和农民住房财产权抵押贷款试点。

这些具体措施将极好地解决农村创新产业落户时需要的土地资源，不新增用地，充分利用现有土地资源，靠制度创新盘活土地资源。

（二）创新投融资机制

《意见》第二十四条至二十六条对推动制度创新提出具体意见：

第二十四条规定，深化政府和社会资本合作。进一步放宽准入条件，健全价格调整机制和政府补贴、监管机制，广泛吸引社会资本参与城市基础设施和市政公用设施建设和运营。根据经营性、准经营性和非经营性项目不同特点，采取更具针对性的政府和社会资本合作模式，加快城市基础设施和公共服务设施建设。

第二十五条规定，加大政府投入力度。优化政府投资结构，安排专项资金重点支持农业转移人口市民化相关配套设施建设。编制公开透明的政府资产负债表，允许有条件的地区通过发行地方政府债券等多种方式拓宽城市建设融资渠道。省级政府举债使用方向要向新型城镇化倾斜。

第二十六条规定，强化金融支持。专项建设基金要扩大支持新型城镇化建设的覆盖面，安排专门资金定向支持城市基础设施和公共服务设施建设、特色小城镇功能提升等。鼓励开发银行、农业发展银行创新信贷模式和产品，针对新型城镇化项目设计差别化融资模式与偿债机制。鼓励商业银行开发面向新型城镇化的金融服务和产品。鼓励公共基金、保险资金等参与具有稳定收益的城市基础设施项目建设和运营。鼓励地方利用财政资金和社会资金设立城镇化发展基金，鼓励地方整合政府投资平台，设立城镇化投资平台。支持城市政府推行基础设施和租赁房资产证券化，提高城市基础设施项目直接融资比重。

这些对金融制度上的安排，体现了中央对新型城镇化推进的信心和决心，为双创促进城镇化提供了金融保障。

（三）完善城镇住房制度

《意见》第二十七条至三十条对推动制度创新提出具体意见：

第二十七条规定，建立购租并举的城镇住房制度。以满足新市民的住房需求为主要出发点，建立购房与租房并举、市场配置与政府保障相结合的住房制度，健全以市场为主满足多层次需求、以政府为主提供基本保障的住房供应体系。对具备购房能力的常住人口，支持其购买商品住房。对不具备购房能力或没有购房意愿的常住人口，支持其通过住房租赁市场租房居住。对符合条件的低收入住房困难家庭，通过提供公共租赁住房或发放租赁补贴保障其基本住房需求。

第二十八条规定，完善城镇住房保障体系。住房保障采取实物与租赁补贴相结合并逐步转向租赁补贴为主。加快推广租赁补贴制度，采取市场提供房源、政府发放补贴的方式，支持符合条件的农业转移人口通过住房租赁市场租房居住。归并实物住房保障种类。完善住房保障申请、审核、公示、轮候、复核制度，严格保障性住房分配和使用管理，健全退出机制，确保住房保障体系公平、公正和健康运行。

第二十九条规定，加快发展专业化住房租赁市场。通过实施土地、规划、金融、税收等相关支持政策，培育专业化市场主体，引导企业投资购房用于租赁经营，支持房地产企业调整资产配置持有住房用于租赁经营，引导住房租赁企业和房地产开发企业经营新建租赁住房。支持专业企业、物业服务企业等通过租赁或购买社会闲置住房开展租赁经营，落实鼓励居民出租住房的税收优惠政策，激活存量住房租赁市场。鼓励商业银行开发适合住房租赁业务发展需要的信贷产品，在风险可控、商业可持续的原则下，对购买商品住房开展租赁业务的企业提供购房信贷支持。

第三十条规定，健全房地产市场调控机制。调整完善差别化住房信贷政策，发展个人住房贷款保险业务，提高对农民工等中低收入群体的住房金融服务水平。完善住房用地供应制度，优化住房供应结构。加强商品房预售管理，推行商品房买卖合同在线签订和备案制度，完善商品房交易资金监管机制。进一步提高城镇棚户区改造以及其他房屋征收项目货币化安置比例。鼓励引导农民在中小城市就近购房。

以上政策对农民的住房条件改善作出了诸多安排，不管租房还是购房，不管是农村自建房还是城市购房，都有了政策依据。

中央对双创和城镇化出台的多项政策，体现了中央的决心，划定了底线。我们可以在此基础上，对农村双创进行深入的制度设计。

第二节
双创驱动新型城镇化的制度创新

双创驱动新型城镇化，不光要有产业的创新，也需要制度的创新。产业高度融合，产城融合的新城镇，其理想模型应该是一个开放的“耗散型系统结构”，而城镇开发运营是通过政府和企业建立的多种形式的合作平台，以土地深度开发为基础，以现代化多元化的金融手段为资金保障，将产业、文化和人居等元素贯穿于城镇之中，同时合理地配置学校、商圈和住宅等服务设施上，从而构建城镇可持续发展系统。这个过程需要多种制度创新。

一、制度创新方向

在产业创新风起云涌的今天，产业融合对产业发展已产生了巨大影响，对我国经济发展具有极其深远的意义。因此，政府应制定相应的措施来促进我国双创驱动城镇化的健康发展。各部委政策制定相应行业的具体制度前，首先要明确制定政策的方向和原则。

在产业融合拓展过程中，传统管制框架及政策仍然是其主要障碍之一。我国传统的管制模式是条块分割制，即把资源按地区和部门进行分配。这种管制模式与产业融合时代技术与市场的需求是相抵触的，随着产业融合的进行与深入，这将成为产业融合的大障碍。

在产业融合的事实面前，如果不打破各部门的既得利益，而是继续采取传统的管制框架，必将阻碍资源的自由性流动，制约新技术的应用和新产品的问世，也将损害企业和消费者的利益，带来社会福利的极大损失。

毫无疑问，政策制定要有一定的倾斜性。

（一）政策制定要往产业创新方面倾斜

技术创新是技术融合与产业融合的先决条件和根本保障，政府应重视和鼓励关联度高的产业进行技术创新，通过技术融合与产业融合培育和提高产业核心竞争力。核心技术的产业化、自主化是一个国家产业竞争优势的主要标志。我国网络设备开发相对滞后，商品化程度较低，大批尖端技术设备不得不依赖进口。对此，我国政府必须集中各方力量重点开发信息产业中的关键性技术、战略性技术，形成部分关键技术和设备的自主知识产权。不光是信息产业，其他如制造业、生物产业等都存在这些问题，亟须解决。发展高新技术产业的主体是企业，国家应积极鼓励和引导企业进行高新技术投资，通过多种形式加强基础技术的研究，建立产学研的技术网络，加快我国产业技术的发展。

（二）政策制定要往市场融合方面倾斜

政府应推动企业实施信息化的客户关系管理、供应链管理与价值管理，实现生产经营体系耦合，并在此基础上通过电子文字交换与外部相连接，跨越机构与空间限制，把更多的资源和用户联接起来。这样，不仅企业内部的大部分业务活动日益融合，而且企业之间也会有越来越多的业务交叉，特别是企业之间交易活动的业务将在新的平台上日益趋于融合。

市场融合是实现产业融合的必要条件，没有市场融合就不可能有产业融合的形成。数字技术在产业领域的广泛运用，构建了互联互通的数字化信息流和服务流，大大突破了曾经分割不同行业的障碍，使越来越多的服务产品可以通过同一平台传递到用户手中，促进了市场融合。

市场融合带来了更大范围的综合性竞争，增加了竞争强度，促进了市场融合的进程，这对于优化资源配置、促进创新是至关重要的。政府必须鼓励企业不断开发新市场，以适应产业融合发展的新趋势。许多公司技术融合战略的失败，不在于技术能力不足，而在于它们联结新价值网络的能力不够，体现在与特殊的供应商和消费者的联系不够。因此，市场融合应考虑技术与业务融合的结果能否改变成本结构，形成产品差别，取得竞争优势从而满足更多市场需求。

（三）政策制定要对企业创新有明显的推动作用

企业是产业融合的主体，产业融合发展会碰到多种困难，政府制定鼓励政策可以帮助企业度过转型期。

顾客需求是企业创新的动力，企业要从研究需求出发，推进技术的创新融合。企业将通过混合兼并和战略联盟等形式实现资源的合理流动，在技术和市场开发方面共担风险。在社会协作过程中，有些科技企业处于具有一定垄断性质的行业中，长期被锁定在一定的经济运作方式中，首先要克服传统运作惯性，转变核心能力的刚性，实现基于不同技术创新融合之上的核心能力柔性化。因此，企业创新融合需要克服多种困难，政策的支持将帮助企业建立创新的决心和信心，大踏步走在创新的路上，从而带动社会经济整体发展。

二、制度创新内容

产城融合的新型城镇化需要一系列的管理创新，包括开发模式创新和运营模式创新、投融资模式创新和土地制度创新等，这样才能有效地促进产业进步、人民生活幸福。

（一）开发模式创新

在城镇化运营中一个不容忽视的事实是：地方政府希望找到不急功近利、拥有社会责任感的优秀运营商，而企业则希望政府更加理性化和市场化。这就迫切需要厘清政府和市场的关系，建立有效的合作平台，有效地整合各种资源，促进城镇的良性发展。根据“政府引导、企业主导、民众参与”的原则，建立政府—运营商—项目开发商的三级体系。

（1）政府。作为代表城镇各利益主体的“法人代表”，主要负责和智库、学术机构一起制定城镇发展战略，确定城镇的定性定位，以及制定发展政策，以促进资源的有效配置；并建立法律法规的约束机制，对各市场主体进行监管和约束；同时以组织和协调人的角色，打造各种有效的合作平台。

（2）运营商。介于政府与开发商之间的管理型投资公司，承“政府”之上，启“项目开发商”之下，负责对城镇的各个片区进行总体策划、总体规划、投资融资、土地整理、基础设施建设、环境优化、总体推广、招商引资以及中介服务等。这种实现“资源变资产、资产变资金、资金变资本”的循环赢利模式，较政府直接面对开发商的两级经营模式更具区域经营的专业性。

运营商有三种。第一种是单纯的政府全资投资公司，运作安全，能较好体现政府意志和追求社会效益，但其操作能力不强，市场敏感度较差，运营效率较低；第二种是单纯的市场化企业投资公司，操作能力较强，市场敏感度高，但往往以短期利益为主要导向，难以保障区域的长期利益和社会效益；第三种是政府与市场化企业共同组建的投资公司，能够实现优势互补，提高区域运营效率，市场适应能力较强，兼顾区域远期与近期利益。

（3）项目开发商。包括各种旅游、餐饮、商业和酒店等项目的终端开发商，他们是总运营商招商引资的对象，按照政府和总运营商制定的规划进行项目的具体开发和经营，直接面对消费市场，是市场价值的直接创造者。

（二）运营模式创新

根据“积木原理”，把整个城镇按照项目的产品属性进行细分拆解，可分为经营性项目、准赢利性项目和公共项目。

项目类型	项目明细	运营方式
经营性项目	产业项目	完全交给市场运营
准赢利性项目	供水、供气、城市轻轨	政府和企业合作，成立公私合营机制
公共项目	公共广场、公共交通、城市管理	政府主导，向市场购买公共产品

过去，粗放式的发展导致了“跑马圈地”现象严重，土地利用效率普遍较低，这主要表现在地均产值普遍不高，同时长期“功能主义”的土地规划思想更导致土地呈现“条块化”的利用现状，许多土地的产业效益不高。

未来发展的重点是，要促进和提高土地的利用效率。一是要按照“多规合一”的原则，更加合理地规划发展紧凑型城市和集约化乡村；二是引入产业融合的思维，通过产业融合带动产城融合，促进土地的更加混合利用；三是变土地经济为城市资产运营，结束过去过多靠土地财政吃饭的局面，促进单位土地上的“城市资产”能够高效利用，整体上提高土地的利用效率。

（三）投融资模式创新

实现更高水平的城镇化率需要一个复杂的系统来支撑，尤其是稳定的资金流。我国是一个高储蓄率国家，资金并不缺，为什么长期以来到不了该大力发展的中小城镇服务经济中？这涉及投资门槛等行政管制以及有效配置资金的金融、税收改革问题。

投融资要纳入城镇化的整体运营中，和产业发展、公共服务配套、基础设施建设等统筹考虑，建立良性的互动机制。

第一，投融资主体多元化。创新城镇化建设投融资模式势在必行，实施政府主导、各级政府合理分工、合理负担的公共财政体制。政府财政在融资过程中应强调引导和杠杆作用，民营资本应该成为基础设施建设特别是经营性基础设施的重要力量，在一定时期内，外资也可以在基础设施建设中发挥积极作用。

第二，对投融资平台进行规范。国家应该制定统一的标准，将融资平台严格限定在建设基础设施等领域，民营企业能做的要尽量让民营企业去做。

第三，城镇化财权与事权相一致。合理划分县、镇财税的分配比例，调整机构设置，理顺财税关系，改革财政预决算制度，使小城镇成为一级独立的财政，拥有自己的预算权和决算权。

第四，盘活国有资产和公共资产。根据资产的流动性特性，让一些闲置的存量资源和平台资源进行活化、创新、切割、组合等，以促进其流动性，建立政府、企业和民间组织的市场合作机制，这是城镇化投融资中的重要环节。例如，对部分城市基础设施和机关办公楼进行有偿转让，增加政府的资金收入；借助外部力量和各龙头企业建立股份制的运营公司，在平衡公益性和市场性的基础上，盘活存量和闲置资产；利用无形资产，吸引民间资本，如铁路、地铁和城市景观空间等公共资产的冠名权，增加政府的资金来源；同时，也可以增建一些大型企业的展示和营销渠道。

（四）土地制度创新

产业最终要按照“空间经济学”的规律运行，最终靠土地这个“母体”来承载。随着产业融合的日益深化，各种产业的融合和横向协作力度更加深入，其在空间布局上的“条块化”状态也将被打破，土地承载的功能将由单一功能向多元复合功能转变，按照特定的历史时期制定的土地利用属性也应顺应这种变化作出动态化调整。

1. 土地性质应该突出弹性混合的原则

产业融合带来多元的城市功能，对应的是多元的土地利用格局。从许多城市的土地规划图可以很直观地看到，在工业园区里几乎全是工业用地，在住宅区里几乎全是居住用地。要实现产城融合，就要进行相应的土地性质调整，避免大规模的单一性质的土地利用规划。应由传统的趋于僵化的大面积功能区块建设，转向社区单元式的土地多功能混合开发。通过政策设计，促进土地按照产城融合的发展规律，进行多方向的土地性质调整，增加土地使用的弹性，鼓励土地的混合使用。

同时，按照“多规合一”的理念合理统筹好土地与经济发展、公共服务、民生、基础设施等的关系。在土地利用规划制定中充分考虑产业的非线性因素，做好深度开发和混合利用，兼顾短期和长期。甚至可借鉴新加坡等地区先进经验，引入“白地”和“灰地”概念，避免由于土地利用不当带来的后期建设“刚性错误”束缚区域的可持续发展。

2. 土地利用应该建立动态的更新机制

土地作为产业发展的承载体，必然随着发展的动态变化而调整。

一是建设项目跟踪。出让合同签订或划拨决定书下发后，市、县国土资源主管部门应在监测监管系统中提取《建设项目用地跟踪管理卡》，对已供土地的公开信息、出让价款缴纳、开竣工和定期巡查等情况作详细记录，作为开展土地利用动态巡查工作的基础。

二是土地用途管控的创新。现有的工业用地、商业用地和住宅用地用途管制的政策，极度阻碍了产业融合的进程。应该放松对工业用地、商业用地和居住用地的管制。对“退二进三”企业，可保留企业对原工业用地使用权，可享受转变用途项目减免土地出让费的优惠政策，以促进园区内生产性服务业和生活性服务业的发展，逐步形成功能混合的城区；对郊区工业园区，适当增加职工居住用地和生活服务用地的比例，支持有条件企业建设配套的职工居住区。

三是建立土地退出机制。产业融合时代，对土地的利用更需集约、紧凑，要规避大工业时代地均亩产值较小的现象。首先应该建立低效利用土地的退出机制，以盘活存量土地。同时，加大存量建设用地收储力度，完成存量建设用地清查工作。还需加快“三旧”改造，推进闲置用地处置，铁腕整治“两违”问题。对工业园区，要有序发展商品厂房，推动低开发强度厂房的改造升级，鼓励“企业上楼”。通过扩、消、并、转，整合和提升工业园区，促进园区二次开发。

三、对农民创业者的具体扶持建议

无论是进入园区创业的农民，还是在原址创业但是接受创业平台指导和管理的农户，应当从以下几个方面进行创业扶持：

（1）创业者身份认证：把农民视作个体小微企业，完成相应注册，并作为创新型小微企业享受相应政策扶持；

（2）创业基金：对农民创业者采用孵化园的方式进行培育，参照其他产业认证办法，给予农民创业相应的创业基金支持；

（3）户籍：根据国务院《意见》，入驻园区农户按照园区的行政级别享受相应社会服务；

（4）住房：根据国务院《意见》，入驻园区的农民以公租房的方式解决住房和办公，并享受相应优惠；

（5）产业技术：由政府组织农业科技单位提供相应的技术服务；

（6）市场营销：通过协会等组织进行支持。

通过以上制度创新，必将大大激发农民创业的积极性，大量农村创新小微企业的涌现，将有效促进新型城镇化的推进，社会进步，经济发展，人民安居乐业。

第二篇

西咸新区双创驱动新型城镇化的实践探索

西咸新区双创驱动新型城镇化的总体介绍

西咸新区双创驱动新型城镇化的具体实践

以优美小镇为载体的双创驱动新型城镇化实践

以产业创新和主体创新为核心的双创驱动新型城镇化实践

西咸新区作为国家级新区，批复之初就被国务院列为国家级新型城镇化实验区，十几年来在新型城镇化方面进行了大量艰苦的尝试。尤其是党的十八大以来，遵循“大众创业、万众创新”的国家战略，充分利用资源优势，大力提倡产业创新，引进国外先进科技企业落户新区，扶持本地高校、科研机关踊跃创业，激发农民参与创新创业大潮中，并用“优美小镇”这个崭新的载体将“大众创业、万众创新”与新型城镇化结合起来，取得了丰硕的成果。农民生活水平得到改善，幸福指数提高，生态环境优美，为新型城镇化蹚出了一条新路。

、

第五章

西咸新区双创驱动新型城镇化的总体介绍

西咸新区是国家级新区，是中国特色新型城镇化示范区、全国创新城市发展方式先行先试区、国家级服务贸易创新发展试点新区，承担着我国向西开放重要枢纽、“一带一路”新引擎的重任。

西咸新区位于陕西省西安市和咸阳市建成区之间，区域范围涉及西安、咸阳两市所辖7县（区）23个乡镇和街道办事处，规划控制面积882平方公里。西咸新区是关中—天水经济区的核心区域，区位优势明显、经济基础良好、教育科技人才汇集、历史文化底蕴深厚、自然生态环境较好，具备加快发展的条件和实力。西咸新区在深入实施西部大开发战略、推进西（安）咸（阳）一体化、引领大西北发展，建设丝绸之路经济带重要支点、打造向西开放重要枢纽等方面具有重要作用，在探索中国特色新型城镇化道路、健全城乡发展一体化体制机制等方面具有示范和引领作用。

近年来，西咸新区在新型城镇化建设方面先行先试，以“大众创业、万众创新”为主导思想，引进创新产业，以优美小镇为城镇化崭新载体，农民积极创业就业，生活水平得到改善，幸福度有所提高，实现了就地城镇化，这些实践对全国其他地区有一定的借鉴作用。

第一节 西咸新区简介

一、西咸新区发展历程

2002 年，陕西省提出“西咸一体化”建设构想；

2009 年 6 月，国务院批准《关中—天水经济区发展规划》，提出“加快推进西咸一体化建设，着力打造西安国际化大都市”；

2010 年 2 月 21 日，陕西省推进西咸新区建设工作委员会办公室暨西安沣渭新区、咸阳泾渭新区管委会挂牌成立，西咸新区建设正式启动；

2010 年 12 月，《全国主体功能区规划》提出“推进西安、咸阳一体化进程和西咸新区建设”，西咸新区建设上升为国家战略；

2011 年 5 月 17 日，陕西省城乡规划委员会审议并原则通过《西咸新区总体规划》；

2011 年 5 月 31 日，陕西省政府设立西咸新区开发建设管理委员会，副省长江泽林兼任管委会主任；

2011 年 6 月 10 日，陕西省政府批复《西咸新区总体规划》；

2011 年 6 月 13 日，陕西省政府在国新办举行发布会，对外发布《西咸新区总体规划》；

2012 年 2 月 20 日，国务院批复《西部大开发“十二五”规划》，西咸新区被列为西部重点建设城市新区；

2014 年 1 月 6 日，国务院批复设立陕西西咸新区，提出把西咸新区建设成为我国向西开放的重要枢纽、西部大开发的新引擎和中国特色新型城镇化的范例，西咸新区成为国家级新区；

2014 年 2 月 19 日，国家发展改革委印发《陕西西咸新区总体方案》，赋予西咸新区创新城市发展方式先行先试权；

2015 年 2 月，中共中央总书记、国家主席、中央军委主席习近平在陕西考察时指出，发挥西咸新区作为国家创新城市发展方式试验区的综合功能；

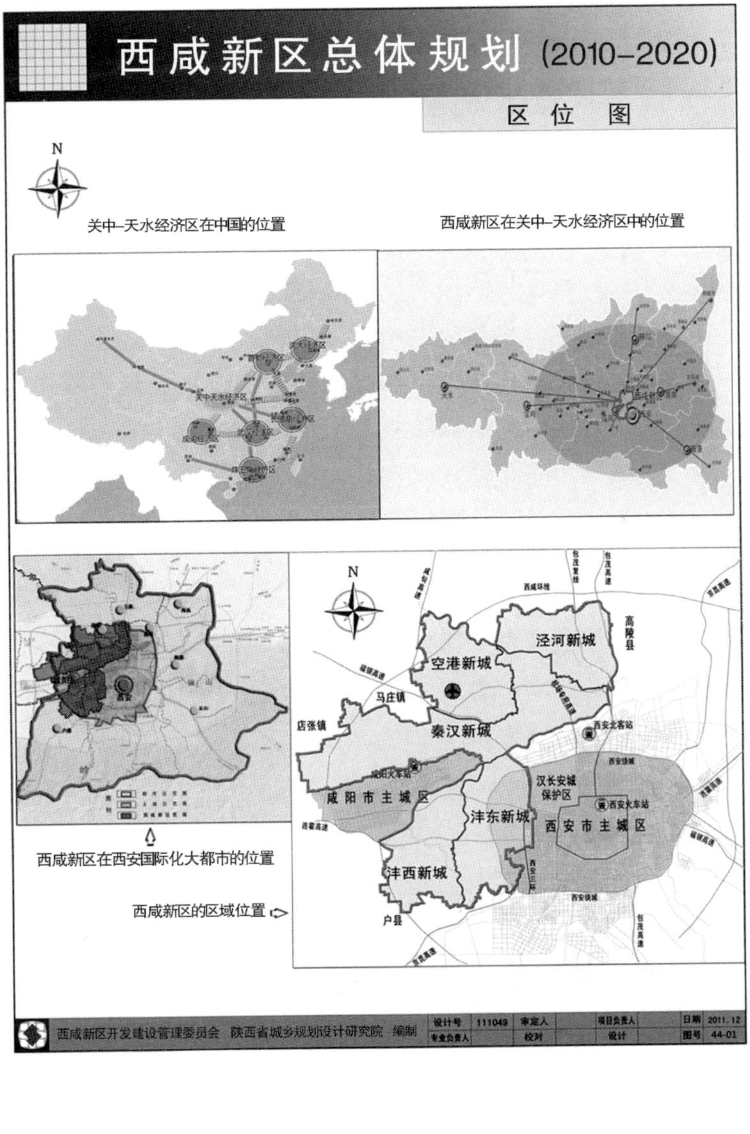

2015 年 7 月，国家发改委出台《关于推动国家级新区深化重点领域体制机制创新的通知》，对西咸新区提出“推进‘一带一路’建设、创新城市发展方式、以文化促发展”三大改革任务；

2016 年 2 月 14 日，西咸新区入选国家级服务贸易创新发展试点新区，重点对服务贸易管理体制、发展模式、便利化等 8 个方面的制度建设进行探索，有序扩大服务业开放准入。

二、西咸新区总体思路

按照国务院的战略部署，西咸新区的总体发展思路是“围绕一条主线、立足五大创新、实现一个目标”。即在科学发展观指导下，按照国家有关规划的要求，以转变传统的粗放式城市发展方式，探索田园化、集约化、现代化相得益补、有机统一的新型城市化发展道路为主线，遵循自然规律、经济规律、社会规律和城市发展规律，充分借鉴国内外生态宜居田园城市建设的成功经验，创新城市发展理念、创新城市发展形态、创新城市综合功能、创新城市管理模式、创新城市产业形态，通过西咸新区开发推进西咸一体化进程，实现西安（咸阳）国际化大都市的宏伟目标。

（一）创新城市发展理念

坚持统筹城乡规划建设，促进新型工业化、城镇化和农业现代化融合发展，更加注重创新驱动，更加突出社会建设和民生改善，更加关注生态环境、资源节约和质量效率。

（二）创新城市发展形态

改变过去长期“摊大饼”城市建设方式，打造独具特色的现代田园城市、构建“紧凑的城市，开敞的田园”，形成大中小城市城镇相间、城市与乡村相间、疏密相间、动静相间、大开大合的现代城市群落。

（三）创新城市综合功能

围绕全面提高城市的经济层次、产业能级、社会文明和现代化管理水平，增强引领带动能力、集聚辐射效应和综合服务功能。

（四）创新城市管理模式

树立以社会建设统领城市建设的理念，坚持以人为本，保障农民利益，创建覆盖城市居民和农村居民的社会管理和服务模式，构筑城乡居民公平、公正共享发展成果的新型发展机制。

（五）创新城市产业形态

按照“资源整合、错位布局、集群发展”的思路，以科技、文化为支撑，发展构建集群化、集约化、集成式发展的新机制、新模式，特别是科学构建现代产业体系。

三、西咸新区工作进展

习近平总书记2015年2月来陕西视察期间，提出“发挥西咸新区作为国家创新城市发展方式试验区的综合功能”。汪洋副总理视察西咸新区时也表示，“新区发展引领城市发展的方向”。

西咸新区适应经济新常态和发展新阶段的要求，提出了新区工作的“八个转变”，聚焦“城市形态”“创新驱动”“城乡一体”和“绿色城市”四个方面，制定了创新城市发展方式的路线图，取得了以下成果：

（一）创新城市发展方式取得新进展

推进海绵城市、综合管廊、绿色建筑等绿色城市集成创新，沣河生态景区获批国家级水利风景区，获批西北首个国家海绵城市建设试点城市和“中欧低碳生态城市合作项目专项试点示范城市”，海绵城市和综合管廊建设经验被省政府现场推广，西咸新区海绵城市的样本入选巴黎气候变化大会的中国政府专题片，全国首个干热岩清洁能源商业应用PPP项目在新区成功运营，新区绿色建筑标准正在全面推广。新区获批成为国家第二批新型城镇化综合改革试点地区。

（二）以优美小镇建设为抓手推动农民就地城镇化

把优美小镇建设作为构建现代田园城市格局、发展文化旅游产业、推动农民就地城镇化的重要载体，召开新区优美小镇建设专题会议，制定了

《关于加快优美小镇建设的意见》和优美小镇三大片区规划，确定了政府主导的安置型宜居小区、相对独立的产业智慧学镇、城市工商资本进行企业化运作的风情小镇、由传统农业村落改造而成的自然小镇四种类型的优美小镇，计划5年内建设35个优美小镇，目前茯茶小镇、刘家沟民俗小镇和空港花园小镇等已建成运营，周礼小镇和沣滨小镇等正在加快建设。

（三）大力实施科技创新驱动产业发展战略

教育部和陕西省共建西安交通大学西部科技创新港。以统筹科技资源改革示范基地、西部云谷创新创业中心、民航科技企业孵化器、惠普数字文化产业基地和泾河生产力促进中心等产业孵化器为依托，搭建“产、学、研、投一体”的产业生态体系，建设新一代科技园区。建成多个国家级和省级创业孵化基地，举办了“西部创新发展论坛”“第三届陕西青年创新创业大赛”等活动，营造了创新创业的浓厚氛围。依托中俄丝绸之路创新园按照“一园三地”的模式，与广州南沙新区协商，合作建设国际创新合作科技园区。

通过以上工作，达到了稳增长、促投资的预期目标。

1. 新区稳增长、促投资效果显著

通过扬长项、补短板，主要经济指标逐季回升，超额完成各项经济指标任务，为陕西省稳增长作出了积极贡献。2015年以来，华晨汽车产业园、斗门水库试验段、交大科技创新港、丝路能源金贸园区基础设施和西安地铁1号线二期（西咸新区段）等一批重大项目先后开工。西咸新区首条地铁——地铁1号线二期工程（西咸新区段）正式开工。泾河新城乐华欢乐世界、茯茶小镇建成开放，日均接待游客上万人，成为陕西省新的旅游热点。瑞典宜家家居商场开业运营，当天进店人数4.5万人，刷新了西安商场开业日进店人数纪录。西咸保税物流中心通过国家四部委验收，成为全省唯一临空型海关特殊监管区。签约引进了中意航空谷、中兴深蓝科技园、秦汉新丝路·数字文化创意（产业）基地等一批重大项目。发起设立的秦农银行开业运营，综合管沟（一期）项目收益专项债券获得国家发

改委核准批复，成为国内第一笔城市地下综合管廊建设专项债券，设立了互联网金融资产交易中心和丝绸之路经济带大宗商品交易中心。

2. **制度创新效果显著**

一是以优美小镇建设为抓手积极探索农民就地城镇化，在征地拆迁中创造性地推出现金＋租金＋股金＋薪金＋保障金的“五金”制度，大力推进绿色城市集成创新。

二是深化经济体制改革。在陕西省率先开展了“三证合一”“一照一码”工商登记制度改革，建成多个国家级和省级创业孵化基地，举办了“西部创新发展论坛”“第三届陕西青年创新创业大赛”等活动，极大地激发了创新创业热情，推动了“大众创业、万众创新”。

三是加快完善金融体系。发起设立的秦农银行开业运营，建立了新区PPP项目库，成功发行了陕西省2015年第一支企业债，设立互联网金融资产交易中心，综合管沟（一期）项目收益专项债券获得国家发改委核准批复，成为国内第一笔城市地下综合管廊建设专项债券。

四是加快完善内外体制机制。以贯彻落实省委、省政府《关于加快西咸新区发展的若干意见》为主线，加快完善新区内外体制机制。沣东、秦汉新城正式划归新区统一管理，新区内设机构改革方案基本成型，新区国库体系全面运行，财政体制基本完善，国土资源管理体制也已基本理顺。

第二节 西咸新区双创驱动新型城镇化的路径

国务院在同意设立陕西省西咸新区的批复中明确要求，西咸新区要建设成中国特色新型城镇化范例。四年多来，新区在推进新型城镇化建设中积极探索，形成一些好的做法，取得了一些成效。随着西咸新区开发建设的逐步深入，新区新型城镇化建设实践将不断丰富和完善。

一、指导思想和初步成就

城乡一体化是经济社会发展到一定阶段的必然要求，是新型城镇化必须遵循的一项基本原则。西咸新区开发建设以来，坚持把城乡规划一体化作为先导性工程来抓。从2012年5月开始，新区管委会利用一年时间，从空间、产业、社会服务、生态及文化等方面将各类规划分类梳理，明确了城乡发展一体化思路、目标和重点，在此基础上制定了村庄改造与新市民安置布局规划、产业发展与新市民就业规划、新市民补偿保障规划等一系列实施路径。

（一）“四统筹”和“三规合一”的指导思想

“四统筹”是新型城镇化建设的原则，具体是指统筹城乡空间要素，形成“城市组团＋绿色廊道＋优美小镇”的城乡空间格局；统筹城乡产业发展，形成三产联动、城乡共荣的发展格局；统筹城乡居民生活，形成新型居住社区，以及经济适用房、公租房、廉租房等形式多样的住房保障体系；统筹城乡各项设施，实现城乡公共服务设施和基础设施均等化和全覆盖。

“三规合一”是具体的工作方法，城镇空间布局规划、土地利用规划和产业规划实现衔接配套，通过“三规合一”，有效配置城乡空间资源，优化空间功能布局，促进节约集约用地，保障经济、社会和环境协调发展，为将来实现环保、交通、水利、市政和文化等专业规划的“多规融合”打下基础。

（二）城乡一体化的初步成果

在此指导思想下，工作实施时坚持城乡规划一体化先行，在统筹城乡发展中起到了示范和引领作用，主要体现在以下四个方面：

第一，打破了城乡区域分割。新区城乡规划一体化从根本上改变了以往只重视城市、忽视乡村的规划模式，把城市和乡村作为一个有机整体，将广大乡村纳入城市总体规划和土地利用规划和产业发展规划等范畴，统筹规划、统一建设，形成城乡统筹、相互衔接、全面覆盖的城乡规划体系。这样，既有利于城乡资源的优化配置和集约利用，也有利于引导乡村规划走上规范化、法制化的轨道，为薄弱的乡村建设注入活力。

第二，彰显了城乡各自特色。在城乡规划一体化指导下，充分挖掘城市和乡村各自优势，突出城乡产业结构、生产生活方式、历史文化和空间景观等方面的差异，体现各自特色。四年来，新区最大限度地利用区内河流、山脉、森林和文化等资源，对丰富多元的风格进行科学的整理和提升，构建“核心板块支撑，快捷交通连接，优美小镇点缀，都市农业衬托”的现代田园城市，既承载历史形成的宝贵文化遗产，也体现人与自然的和谐统一。

第三，提升了城乡整体实力。新区城乡规划一体化跳出了“就城论城、就乡论乡”的传统思维定式，统一规划布局基础设施项目、重大产业项目和社会事业项目，城乡发展齐头并进。资源要素在城乡之间合理流动，新区允许农民带着劳动力及土地承包经营权两个资本进入城市，鼓励城市工商业资本进入农村和农业，农业转变为现代产业、农民转变为职业农民，城乡经济社会融合发展，城乡实力从整体上得到增强，有效避免了城乡各自规划下的重复建设和资源浪费。

第四，促进了城乡可持续发展。城乡规划一体化创新了城乡规划理念和发展模式，在遵循自然山水格局、遵循历史文脉、遵循现代规划理念的前提下，新区坚守发展和生态两条底线，将大遗址历史文化保护区和渭河、泾河、沣河建成生态景观廊道，组团间楔形绿地分隔，达到循环、绿色、生态、低碳、节能的要求，实现城乡经济社会的可持续发展。

二、双创驱动新型城镇化实践路径

西咸新区建设伊始，陕西省委、省政府摒弃传统城市“摊大饼”发展模式，坚持创新城市发展方式、走新型城镇化道路、建设现代田园城市，创建了一套“点状布局＋组团发展＋核心产业”的特色新型城镇化载体。

四年来，新区围绕构建点状布局、组团式发展的市镇体系，坚守城市总体规划，加强基础设施建设，大力整治环境，错位布局产业，建设优美小镇，先进的开发建设理念正在变为现实，坚持不懈的努力换来了丰硕的成果：新区部分交通路网建成通车，一批企业入园落地开工，五个组团的核心板块建设正在抓紧进行，城市的局部面貌初显，各具特色的优美小镇和以都市农业为衬托田园风光交相辉映，逐步形成了点状布局、组团式发展的市镇体系。

（一）优美合理的空间格局

以“核心板块支撑、快捷交通连接、优美小镇点缀、都市农业衬托”为核心理念，组团开发建设五个相对独立的核心板块，30 万～50 万平方公里不等，可容纳 30 万～50 万人，围绕核心板块布局若干优美小镇，同时保留部分自然村庄，星罗棋布地散落在城乡之间，从而形成一个由城市核心板块（组团）—优美城镇（镇）—自然村落（村）组成的市镇体系。

（二）核心产业的精准植入

按照“资源整合、错位布局、集群发展”的思路，根据产业的不同需求和各个城镇化区域的特点，精准引进相关产业。

依托西安国家航空城实验区，引进航空物流、民航科技和半导体（LED）科技等产业，建设智慧化的第四代国际空港城市；依托陕西科技研发基础，引进高新技术研发为先导、现代产业为主体的中俄丝绸之路创新合作园区、六村堡工业园等项目，建设“科技统筹新高地”；依托五陵塬帝陵遗址带、周秦汉古都文化带，引进四医大、惠普、汉唐帝陵旅游设施等文化产业项目，建设“文化之城、健康之城”；依托沣西信息产业园，引进以软件研发、科技孵化、大数据、云计算、物联网等产业，建设“科技园区升级版”；依托泾河湾 FC1，引进现代农业科技园区和新能源新材料高端装备制造业等产业项目，建设“三位一体的现代田园城市”。

沿渭河、泾河、沣河三条水系，初步建成泾河崇文重点镇、卢卡风情小镇和茯茶小镇，空港太平优美小镇、沣东镐京优美小镇、秦汉酒庄小镇和沣西丝绸之路风情小镇等正积极推进。这个区域保留部分村落自然风貌，因地制宜发展经济，建设秦汉刘家沟秦风民俗文化村、泾河双赵茯茶产业村、空港竹范“杏枣之乡”村等，让城镇化建设留得住青山绿水，记得住乡愁。

在核心板块之间布局若干都市农业区，形成田园城市的生态绿楔。目前，新区都市农业初步形成了观光型、设施型、特色型和园林型农业 4 大类 30 余个项目。沣东农业博览园、秦汉张裕葡萄酒庄、泾河秦龙现代生态智能创意农业园、泾河新城生态科技园等基本建成，空港临空生态农业示范园、沣西沙河现代农业园、泾河天心庄园等项目正在积极推进。都市农业与景观带、绿廊、公园、湿地等共同构成了“城在田中、园在城中”的生态田园景观。

第六章

西咸新区双创驱动新型城镇化的具体实践

明确了双创驱动城镇化的指导思想，西咸新区展开了大量扎实的实践，以产业创新、载体创新、主体创新和制度创新为四大突破口，大量引进高科技产业、强化现代农业，激发农民作为创新创业的主体意识，以优美小镇为空间载体，在户籍制度、商务制度等方面进行一系列制度创新。因此，在产业振兴、公共服务提供、农民户籍制度改革等方面取得了丰硕的成果。这其中，涌现了很多典型人物、典型故事、典型做法。本章详细介绍西咸新区在双创驱动城镇化中的实践做法。

第一节 双创驱动新型城镇化的四大突破口

西咸新区以产业创新、载体创新、主体创新和制度创新为突破口，全面部署双创驱动城镇化的工作并落实到具体工作中，获得了较好成果。

一、产业创新

西咸新区以“资源整合、错位布局、集群发展”为思路，制定出台了一系列产业发展优惠政策，以新产业、新业态为导向发展战略性新兴产业，以就业为导向布局劳动密集型产业，以科技创新驱动产业发展，五个组团根据资源环境承载能力、要素禀赋和比较优势，培育发展各具特色的城市产业体系。

（1）以创新驱动产业发展。坚持“政府引导与企业主体相结合、引进创新与消化吸收再创新相结合、科技创新与体制创新相结合”的原则，建立适应西咸新区经济发展需求的开放型区域自主创新体系。

（2）布局信息产业，筹划应用体系，为智慧城市建设打好基础。通过发挥后发优势，新区在政策扶持、发展规划、产业孵化和人才培育等方面创造适合“互联网＋”发展的环境和基础。

（3）新区田园生态理念与新型城镇化深度融合。坚持龙头企业的引领，以大项目带动打造现代农业新高地，大力发展各类创新农业，组建农业产业园，组织农民形成特色产业，吸引外来资本发展规模农业等。现代农业领域的“升级换代”，将大幅度提升农业品质，实现农业的现代化、集约化和规模化发展。

（4）保护与开发并重，“让文化遗产活起来”。新区以“有效保护、合理利用、环境融合”为原则，对帝陵和古都文化遗产进行整体保护与开发，挖掘历史文化内涵，提升城市文化品质和区域文化软实力。

二、载体创新

探索“以人为本”的中国特色新型城镇化道路是西咸新区的使命，也是国家发改委对西咸新区“创新城市发展方式”改革任务的具体要求。创新城市发展模式是新型城镇化的重点。作为中国新型城镇化样板的西咸新区，要改变“城市像欧洲，农村像非洲”的现象，将优美小镇作为新型城镇化崭新载体。

优美小镇以西咸新区内特色村镇为基础，根据各自区域特点，经过完整规划，注入创新产业，使之成为农民就地城镇化的成功载体。为此，西咸新区出台了《西咸新区优美小镇三大片区规划（2015—2020）》，计划 5

年内建设35个优美小镇，以实现“核心板块支撑、快捷交通连接、都市农业衬托、优美小镇点缀”的现代田园城市总体目标。

在西咸新区882平方公里的土地上，汇聚了沣河、泾河、渭河三大水系及沣镐都城遗址、西汉帝陵遗址、秦咸阳宫遗址等人文遗迹。西咸新区的优美小镇规划，充分依托山水自然格局，划分了泾河景观带、五陵塬现代农业景观带、沣河景观带三大区域，建设优美小镇片区。其中在泾河优美小镇片区打造以临空农业和生态居住等为特色的田园宜居小镇，在五陵塬帝陵优美小镇片区布局以都市农业和观光体验等为特色的生态绿色小镇，在沣河两岸优美小镇片区打造以旅游度假和产业培育等为特色的风情小镇。

目前，西咸新区已建成泾河新城崇文小镇、茯茶小镇、空港新城花园小镇、秦汉新城酒庄小镇、刘家沟民俗小镇和空港新城大石头民俗文化村6个优美小镇。此外，泾河新城花李小镇、沣西新城智慧学镇、丝路风情小镇、秦汉新城周礼小镇、空港新城太平小镇、美术小镇、沣东新城沣滨小镇和四周小镇8个优美小镇已完成规划设计。按照《西咸新区优美小镇三大片区规划》，新区在2020年之前，将建成优美小镇35个，其中包括安置型宜居小镇6个，智慧学镇2个，建设特色风情小镇16个，民俗风情小镇11个。

优美小镇建设是西咸新区国家级创新城市发展方式试验区核心任务，建设现代田园城市中体现概念的核心工作，是以社会建设推动新型城镇化建设的重要载体。

三、主体创新

在陕西西咸新区，涌现了一大批创新创业的新农人，既有传统意义上面朝黄土背朝天的传统农民，又有带着技术投奔而来的大学生，还有用巨资打造现代农业的企业家。作为现代田园城市的重要组成部分，现代农业正在这些“新农民”手中生根发芽。

（1）现代农业使传统农民向农民创业家转型。自西咸新区在全省率先实施注册资本实缴登记制改为认缴登记制以来，单靠村民间的口口相传，就激活了当地农民的家庭农场创业热潮。过去农民受注册资本最低额度限制没有能力注册公司，如今认缴制出台使得公司注册更加便捷，家庭农场是西咸新区建设现代田园城市的重要组成部分，在企业注册中，农民注册的农业公司占比较大。

（2）大学生在这里实现农业梦。新一代大学生农民立足现代化农业技术，正在实现自己的“新农业”梦想。农业是个技术活，现代农业更是科技的结晶。大学生农民带着所学的技术，怀着对农业现代化的激情开始在西咸新区现代农业舞台上聚集，将闪亮的青春与充满生机的现代农业融合在一起。随着西咸新区现代农业的进一步展开，这些新农民的梦想也将付诸实现。

（3）企业家开拓农业新天地。为实现现代农业梦想，陕北的企业家用“较真”的态度面对农业发展，如秦龙农业园在短短两年时间内，已在一期 600 多亩的土地上投资近 20 亿元，在一片传统农田上建设集种植、研发、深加工、示范、物流配送、观光休闲、商务会议和居住于一体的综合性现代农业观光园区，企业家试图用最先进的现代农业技术和三产融合发展方式，找出一条现代农业可持续发展的路子。在西咸新区，这样的农业企业还很多，企业家们正用战略眼光、雄厚资金、现代管理方式以及市场开拓能力迅速改变着这片土地的农业面貌，提高整个农业的发展水平。

四、制度创新

新型城镇化制度创新集中体现在土地和金融等几个重要方面，对此，西咸新区作出了一些突破性的实践。

（一）土地制度创新

西咸新区积极推进土地制度创新改革，主要体现在：

第一，创新农用地流转模式，发展都市农业，促进农用地规模经营。借助新区管委会主导的第三方交易平台，通过出租和入股等形式流转农地 3 万余亩，先后引进了农业项目 30 余个，发展集约化、规模化的现代都市农业。为加强和规范农用地流转工作，2014 年新区管委会印发了《关于进一步加强农村土地承包经营权流转管理工作的通知》，明确新区、新城两级管理的责任主体和职责，规范农用地流转交易市场，严禁非农建设占用耕地，严禁借农用地流转之名搞非农建设，并将农用地流转工作纳入各新城年度目标责任考核。

第二，探索农村集体建设用地的节约集约利用。按照新区土地利用总体规划，在 272 平方公里的规划建设用地范围内，通过实施城乡建设用地增减挂钩政策，稳步推进征地拆迁、重点镇建设和村庄合并集中安置，腾挪建设用地指标，提高农村集体建设用地集约率。目前，空港花园社区、沣东启航佳苑和秦汉周礼佳苑、沣西同德佳苑和崇文重点镇等一批优美小镇建设已粗具规模。

第三，建立了土地节约集约利用的激励机制。积极探索区域内存量土地的二次开发利用，对现有工业用地在符合规划、不改变用途的前提下，提高土地利用率和容积率不再增收土地价款。开展单位 GDP 和固定资产投资规模增长的新增建设用地消耗考核以及土地节约集约利用评价，考核评价前两名的给予建设用地指标奖励。

同时，新区坚持“严把四关”。为切实做到“严把四关”，西咸新区和各新城实行两级国土执法监察管理，建立了严格的土地执法动态巡查制度以及土地违法行为公开曝光制度以及土地违法记录通报公示制度以及土地违法案件查处部门联动机制等，由各新城国土执法监察队联合当地基层国土所和村土地协管员对区内用地状况分片、分级巡查，对重大土地违法案件协调当地国土、公安等部门采取联合执法的形式进行查处，落实土地执法监管制度。

第一，严把项目准入关。推行项目用地准入评估制度，各类建设项目的投资强度和建设强度和产出强度不能低于全省平均水平。实行项目入区的两级管理。重点项目入区审核。新区成立由主要领导任组长，发改、土地、规划与监察等部门共同组成的项目审核领导小组，实行项目入区集体决策，对项目实行从入区审核、合同签订到合同履约全过程监督管理。坚持“四个不准入区”标准，即不符合规划的、不符合产业方向的、达不到环保要求的、达不到投资强度的，坚决不准入区。此外，出台了《西咸新区招商引资项目退出机制（试行）》《西咸新区重大招商引资项目考评办法（试行）》，将投资强度与容积率等约束性指标纳入招商引资项目的年度考评，规范招商引资项目管理。

第二，严把土地供给关。建立土地利用计划调控机制，统筹安排年度新增建设用地指标计划。按照经济发展、招商引资和年度经济发展计划等进行动态调节，优先保障重点工程、重点区域和民生项目用地，分期批地供地、限期开发建设。凡出让土地，由各新城国土分局拟定土地出让方案，经新城管委会审核同意，报新区管委会批准后，借助土地所在市、县（市）土地交易平台，按照国家规定程序进行出让。凡不符合西咸新区总体规划和产业规划要求的项目用地，一律不得批准土地供应。同时，将土地供给与项目开工面积挂钩。新增建设用地指标与项目开工面积紧密联系，开工多少供地多少。建立项目供地各新城内部竞争制度，对是否供地进行内部项目间竞争，优先筛选最符合条件的项目进行土地挂牌。为加快项目建设进度，提高土地利用效益，新区还将项目开工考核与各新城、各园办年度考核挂钩。

第三，严把批后管理关。新区、新城两级依据《土地法》和《合同法》，对批而未用、供而少用、未按规划建设和未按合同履约的低效、闲置、违规用地汇总分类，依法依规予以处理。未按规定期限整改的项目，坚决压缩和回收土地，进行再利用、再招商。通过严格清理，切实做到了“三个一批”，即处理一批、压缩一批、回收一批。对闲置土地一年以下的，予以压缩用地；闲置土地一年以上、未达到两年的，收取土地闲置费；闲置土地两年以上的，坚决收回土地。加强建设用地批后监管，提高征地后的土地供应率，防止批而未征、征而未供、供而未用现象的发生，减少土地荒芜、闲置和浪费。

第四，严把耕地保护关。建立耕地保护目标责任考核制。按照西咸新区土地利用规划确定的耕地保有量和基本农田保护面积，新区管委会与各新城管委会签订耕地保护目标责任书，将保护指标纳入年度考核，对考核结果进行通报。严格依法用地，实行违法用地问责制。各新城年度违法占用耕地面积占新增建设占用耕地面积的比例必须控制在10%以下，凡超过规定比例，实行一票否决，对主要负责人进行问责，并追究相关人员的责任。

（二）金融制度创新

对西咸新区来说，建设现代田园城市，依靠土地财政和土地金融来推动城市建设的传统模式显然行不通，因此投融资问题更为突出。为了破解这个难题，四年多来，新区管委会认真学习研究新形势下国家财政金融政策，坚持改革创新，逐步理顺新区财政体制，搭建投融资平台，动态整合资源，拓宽融资渠道，逐步建立起多元化、可持续的投融资体制，为新区城镇化建设提供资金支持和保障。

（1）建立多层次的投融资平台。根据不同定位和分工，新区目前已初步建立土地储备中心和集团公司两种类型的投融资平台，形成了由西咸新区管委会和五个新城管委会主导的两级投融资平台体系。在国土资源部和省国土资源厅的大力支持下，西咸新区在已有沣东、秦汉两个土地储备中心的基础上，分别成立西咸新区土地储备中心以及空港新城土地储备中心、沣西新城土地储备中心以及泾河新城土地储备中心，其中西咸新区土地储备中心进入全国土地储备机构名录，获得了银行等金融机构的认可，有效解决了土地储备、土地融资难的问题。同时，整合现有的资产和资源，在国家法规和政策允许范围内，通过注入资源、注入股权、赋予特许经营开发权等方式，进一步扩大西咸集团和各新城开发建设集团的资产规模，增强融资能力。

（2）动态整合资源，创新融资模式。新区在不同时间段，通过不同的融资平台，采用不同融资方式进行融资，实现融资边际效应最大化。开发建设初期，土地储备中心尚未建立，新区通过采用融资灵活性较高的信托、私募基金、BT等方式，利用第三方平台公司进行短期融资。随着新区财政体制逐步完善，各土地储备中心相应建立，以土地储备为担保的融资模式开始实施，通过对不同的开发项目整合包装成不同的金融产品，利用多种融资方式，面向社会进行融资，逐步形成多元化融资模式。新区融资模式主要有以下六种方式：

一是高度重视与政策性银行的合作。与国开行签订《开发性金融合作协议》，推动国开行出台《关于支持陕西西咸新区发展的意见》，承接国开行约50亿元棚户区改造贷款，形成来源稳定、融资成本较低的城市建设资金。与农发行陕西省分行签订《战略合作备忘录》，得到农发行300亿元的授信，同时在水利、城镇基础设施及现代农业园区等方面开展具体合作。

二是探索企业债券直接融资新模式。2014年沣西新城开发建设集团公开发行12亿元的公司债券，用于西咸新区信息产业园项目建设；泾河新城开发建设集团公开发行10亿元公司债券，用于保障房建设，实现了由银行和信托贷款等金融机构间接融资向直接融资的转变。

三是加快发展私募股权投资基金。积极对接人保陕西分公司与人保资产管理股份有限公司，在新区尽快实施人保资产基础设施债权投资计划。

四是参与筹建陕西秦农农村商业银行，参股陕西股权交易，不断加强西咸新区金融板块功能布局。

五是继续与建行、中行、浙商银行、中信银行、北京银行以及长安银行等建立长期友好合作机制，通过固定资产贷款和信托贷款等方式筹备建设资金。

六是鼓励民营企业采用BOT（建设—运营—转让）、TOT（转让—运营—转让）、PPP（政府与社会资本合作）等新型投融资方式，吸引更多的社会资本参与新区开发建设。

在西咸新区新型城镇化建设过程中，向创新要动力，发展具有高技术、高附加值的朝阳产业是必然之路，这背后最需要精准的政策创新。例如，企业注册登记创新极大地引爆了创业激情，农民纳入保障房系列享有城市相关配套设施服务，拆迁补偿采用“五金”保障等，这些举措使农民的生活更加有保障，有更多的精力投入到创业就业工作中。西咸新区有多种制度创新实践，示范引领作用明显。

第二节
双创驱动新型城镇化的成果

西咸新区以双创为驱动力，通过产业创新、主体创新和制度创新促进农民就地城镇化，取得了良好的成效，主要体现在就业有保障、社保有突破、保障房有制度等方面。

一、振兴产业为就业提供保障

西咸新区通过以就业为导向的产业规划、大力发展都市农业以及拓展农民创业就业渠道三个方面，为农民就业提供了坚实保障。

（一）以促进就业为导向的产业规划

西咸新区高度关注农民就业，通过布局主导产业、优势产业和吸纳中低端劳动力就业的密集型产业，为被征地农民就地城镇化提供强有力的就业创业支撑。空港新城以机场为核心布局飞机维修、物流、商务等产业项目，发展临空经济；沣东新城建设国际车城、华润万象城和宜家家居等，推进商贸等现代服务业发展；秦汉新城布局四医大医教研产业园、立体城市医疗健康产业园、惠普数字创意文化产业基地，发展医疗健康、文化旅游等产业；沣西新城规划建设信息产业园，四大运营商数据中心可以解决近 10 万人的就业；泾河新城布局华晨集团特种车生产基地、秦龙都市农业项目、乐华城等项目，发展新能源新材料、高端装备制造业和文化旅游产业。

（二）有序推进农用地规模流转，发展都市农业

依托良好的农业基础，大力招商引资，推动农用地规模流转，发展都

市农业，实现农业转移人口就地城镇化、市民化。一方面，通过租赁、入股以及资本化运营方式有序推进农用地规模流转，使农民获取长期固定收益，让农民带着劳动力和土地两个资本安心进城。另一方面，鼓励城市资本下乡，将城市资本与消费引入农业和农村，加强对传统农业的现代化改造，实现土地规模化经营，发展都市农业，促进农业增效、农民增收和农村经济发展。四年来，新区主导的农业项目完成土地流转 3 万多亩，建设都市农业项目 30 余个，建成了沣东农业博览园、秦汉张裕葡萄酒庄、泾河秦龙现代生态智能创意农业园以及泾河新城生态科技园等 10 余个示范项目。

（三）积极拓宽了被征地农民创业、就业渠道

一是指导村组发展乡村经济，实现被征地农民就地创业。各新城结合实际，制定扶持政策，指导村组成立了开发建设公司、苗木种植养护合作社以及文化旅游公司等集体股份制公司，发展旅游观光、休闲农业和现代服务业等。目前，正在规划建设秦汉新城刘家沟秦风民俗文化村、泾河新城双赵茯茶产业村以及空港新城竹范“杏枣之乡”村等“一村一品”项目。

二是依托入园项目企业引导被征地农民就地就业。对入园企业进行分类，与劳动密集型企业在签订项目投资协议时明确提出，必须预留 20%～30%的就业岗位给本地群众，满足被征地农民就业需求。

三是加强对被征地农民的职业技能培训。各新城分别成立了就业创业服务中心和劳动力人才培训学校，结合用工企业需求开展被征地农民免费就业订单实用技能培训，举办各类人才就业推介会。三年来，各新城累计培训被征地农民万余人，分别在园艺花卉、绿化养护、特色农业、工程建设、保安保洁和景区服务业等岗位实现就业。

二、推进户籍和社保制度改革

推进农业转移人口市民化的核心是破除城乡差异化的户籍和社保制度障碍。新区在充分调研的基础上，指导各新城结合实际，统筹推进户籍、

社保制度改革。

泾河新城从2013年10月开始，开展辖区内崇文镇崇文村、虎杨村户籍改革试点，截止到2014年年底共完成辖区3个镇近6000名被征地农民户籍转变，统一转为城镇居民户口。同时，联合泾阳县制定出台了城乡一体化的养老保险政策，按照政府引导、个人自愿的原则，将被征地农民人均耕地0.3亩以下，在册农业户籍16周岁以上人员全部纳入城镇企业职工基本养老保险或城乡居民社会养老保险体系。对参加城乡居民社会养老保险的被征地农民给予每人每年300元缴费补贴，连续缴纳15年，为其储备社保金；对参加城镇企业职工基本养老保险的被征地农民每年按陕西省灵活就业人员最低缴费标准的三分之一给予缴费补贴；对60岁以上的被征地农民每月发放养老金280元。从2013年7月至今，约有3000名60岁以上的被征地农民领取了养老保险金，率先在全省实现养老金发放全覆盖。

空港新城创新农民社保金打包递进支付模式，按照一定标准统一打包支付被征地农民养老金，由当地政府按照国家标准办理被征地农民保险并按时发放，同时与原有的新型农村养老保险制度合并使用，提高被征地农民的社会保障水平。

三、提高城乡公共服务水平

一是基础设施建设先行。新区规划建设的市政路网351公里建成通车，对接西安、咸阳主城区的“五路四桥”工程加速推进，各新城核心区域骨干路网框架基本成形，道路配套设施日臻完善，以空港为核心的航空、铁路、高速路网和城市轨道等立体化综合交通枢纽有序推进，城乡基础交通设施服务水平和城市综合承载力明显提升。

二是大力推进保障房建设。累计建成保障房2.8万套，完成投资88.2亿元。新区首个安置性住房——沣东启航佳苑项目1160户群众顺利回迁；首个保障性租赁房——沣西同德佳苑一期1080套公租房交付使用，主要解决辖区外来务工人员、新就业员工及中等偏下收入家庭的住房困难；空港花园社区2015年1月首批“新市民”——小寨村100户村民顺利回迁；秦汉望贤小区 2015 年春节前 500 户拆迁家庭乔迁新居；泾河崇文重点镇、茯茶小镇和空港太平优美小镇、沣东镐京优美小镇、秦汉酒庄小镇与沣西丝路风情小镇等一批优美小镇正在建设中。保障性住房和优美小镇建设有效解决了农民市民化的居住问题。

三是教育、医疗等民生事业同步配套。规划建设中学、小学和幼儿园等一批基础教育项目，让城镇落户居民子女接受义务教育享受与城镇学生的同等待遇。新区与清华大学附中联建的首个外埠分校——清华附中秦汉分校、泾河新城新建的崇文中学以及沣东新城第一学校均于 2014 年 9 月建成开学。西咸国际文教园耀华国际教育学校奠基。重点引进一批大型优质医疗资源，提升新区医疗卫生服务水平。经习近平总书记和中央军委批准，第四军医大学基本部署调整至西咸新区秦汉新城，四医大新校区项目开工。陕西中医学院第二附属医院迁建医院项目加快推进。

第三节 双创驱动新型城镇化的典型故事

西咸新区双创驱动城镇化的实践过程中，涌现了很多生动的故事，这些故事形象反映了双创驱动城镇化的具体过程和成效。本节拟从产业创新、主体创新、载体创新与制度创新四个方面介绍这些典型故事。

一、产业创新典型项目

（一）沣西新城——创新创业创富求发展

沣西新城位于丰镐之地，沣渭交汇，有着丰富的景观资源。沣西新城不断丰富现代田园城市内涵，激发创业创意，实现产城一体化，努力让老百姓有更多获得感，奏响创新、创业、创富的交响乐。

1. **创新：城市发展驱动力**

四年多来，作为西咸新区五大组团之一，沣西新城以创新驱动为核心，建设具有沣西特色的现代产业体系。在大数据产业发展方面，依托大数据研究院、大数据产业基金和大数据信息技术公司，形成商业数据聚合运营模式，打造全省创新创业新高地。同时，摸索建立资源共享网络，创办研发实验基地，组建技术转移联盟，为科研成果的市场应用提供不竭动力。

沣西新城在城市建设方面，以“海绵城市”建设为着力点和突破口，全力推动现代田园城市建设，成立了全国首个海绵城市建设技术创新联盟，致力于将联盟打造成全国城市建设领域的高端交流合作平台。

2. **创业：产业巨头孵化地**

“汇聚信息产业新优势，打造科技园区升级版”，沣西新城领先的产业生态环境吸引着众多创业者的目光：中国移动、中国联通、中国电信以及陕西广电网络四大通信运营商在信息产业园区布点核心网络节点；国家九大部委的容灾备份中心集中落户，构成了独特的数据资源，成为吸引创业者的磁石。

“背着双肩包来，提着公文包走”，作为西咸新区信息产业园首发自建的科技园区，西部云谷搭建青年创新创业平台，集科技企业孵化加速和办公研发等生活配套服务功能于一体，着力打造“5 分钟产业生态圈”和“都市核心产业社区”，既有优越的研发办公环境，也能让人在惬意休闲中享受生活。另外，微软落户沣西，借助微软云计算平台的免费服务器支持，大幅节约企业运行成本，让创业赢在起跑线上，使沣西新城成为推动全省支柱产业转型创新和科技企业孵化成长的新高地。

3. **创富：百姓共享发展成果**

沣西新城的开发建设历程，也是周边百姓生活不断变化的历程。

沣西新城东张村 55 岁的村民吴战省说：“沣西新城建设之前，我们一家 5 口人以种地为生，生活艰难；因为交通不便利，人也不想出去。自从参加了沣西新城的培训再就业，我现在是沣西环卫队的一名正式工人，儿子也加入西咸都市农业建设，全家生活有了保障，楼房也住上了，出门交通便利，越来越富裕了！”

沣西新城坚持“产业富民”理念，以产业发展带动周边就业，努力构建和谐社会；统筹安排沣西的教育、文化、体育、医疗和商贸等公共资源配置，努力实现公共服务均等化；通过一系列创业培训，实现失地农民自主创业，农民变身“新市民”；培训结业学员通过国家职业资格和专项职业能力考核后，根据区域内重点企业、周边地区劳动密集型企业的用工需求，以专场招聘会、实施劳务输出等方式，组织学员上岗就业。创富之道，令沣西之翼扇动于蔚蓝天际。

（二）泾河新城——让农民城镇化成为最大民生

清晨，现代化农业园区走进一批人，他们熟练地操作智能管理和机械数控系统，配比合理的培育液为植株提供丰富的营养；艳阳高照的午后，他们在自发成立的股份制公司民主决策，共同致富；夕阳西下，他们在新建的崇文塔景区健身、跳广场舞……他们的身份是农民，在西咸新区泾河新城，他们的身份和生产生活方式已发生巨大转变。

村民汲娟40多岁，是西咸新区泾河新城秦龙现代生态智能创意农业园的一名产业工人，土地流转后，她对自己的生活有了更多憧憬。她说：“土地租出去了，每年会有几千元的收入。自己还在这里像城里人一样上班，每个月有3000多元的工资，生活比以前好多了。”与区域内很多被征地农民一样，汲娟的日子过得越来越红火，这得益于泾河新城建设团队落实“农民城镇化是最大民生”的共识。

党的十八大报告指出，要把加快发展现代农业作为城乡一体化发展的重要途径之一。同时，新型城镇化建设又是统筹城乡发展的重要组成部分，是从根本上解决“三农”问题、实现城乡一体化的具体措施、有效途径和重要支撑。围绕这个精神，泾河新城有很多实践：

1. 八种形式优美小镇，左手田园右手城市

作为西咸新区五大组团之一，泾河新城严格遵循“核心板块支撑，快

捷交通连接，优美小镇点缀，都市农业衬托”理念，创新城市发展，建设现代田园城市。泾河新城建设近3年，核心板块支撑作用成效显著，并形成了百余公里的快捷交通主干支路网。

“城镇化不能千篇一律，田园城市不能忽略农业”，泾河新城不断完善现代农业产业体系，破解现代农业发展的“难点”，相继建设了秦龙农业园、科技生态园、西咸崇文庄园、兰泰植物园与葡萄酒庄园等20余个现代农业园区。同时，以崇文重点镇、花李田园小镇与茯茶文化小镇等为依托，建立了多种形式的优美小镇，并大力发展混合制经济，成立村民集体股份制公司，为建设新型城镇化范例提供新的操作“示范”，为探索城乡一体化发展提供新模式。

不是“城乡接合部”，而是“跨出家门就上班，左手田园右手城市”。在发展过程中，泾河新城充分利用区域内自然生态和农业基础深厚的优势，将田园生态和现代农业的理念融入新城建设中，优美小镇通过多种形式支撑城镇化发展，既实现了现代农业和其他产业之间的联动发展，又打造了产城一体化、城乡一体化的现代田园城市。

崇文村成立了集体股份制公司，公司在坚持资产集体所有的前提下，按照股份制原则，将集体资产量化到人，重新确定村民对集体财产的个人占有权、利益分配权、民主决策权和管理权，实行社区化管理，保障群众安居乐业。

花李村对原有集体经济进行股份制改造，并以村委会和各村民小组为单位，以土地入股的形式，采取村民自愿的方式，先后成立了锦绣花李建设发展有限公司、高家置业有限公司、枣东置业有限公司等12家股份制企业，将集体资产折股量化到人，使5个村民小组1600余名村民成了企业股东。

茯茶文化小镇的运营模式则彰显出极具特色的混合制经济形式，由泾河新城开发建设集团、泾阳县属机构和民营企业等三个资本主体组成。

经过三年努力，泾河新城通过创新城市发展模式，采取“产业主导、社会投资、市场运作”的方式，将过去农村的一户一块的宅基地形式变为

“重点示范镇、风情小镇、产业小镇、新型农庄、田园宜居小镇、丝路田园小镇、文化旅游小镇、新农村”的点缀布局，形成了以崇文重点镇和西咸崇文庄园小镇为代表的重点镇，以香榭庄园、枫丹白露小镇、荣华优美小镇和卢卡小镇等为代表的风情小镇，以新都市产业小镇和秦龙田园小镇等为代表的产业小镇，以兰泰庄园和宏海长乐庄园等为代表的新型农庄，以茯茶文化小镇和陕商文化小镇为代表的文化旅游小镇，以双赵村和花李村等为代表的丝路田园小镇，以及针对现有村庄无形改造的若干新农村、新社区等。

2. 现代农业难点破解，7 大园区即将开园

泾河新城是陕西省第一批省级农业科技园区，也是西咸新区首个省级农业科技园区。它一贯视现代农业为现代田园城市的“灵魂”，也是实现城乡一体化的关键和难点所在。因此，泾河新城成立三年来，始终将创建全国现代农业示范区作为目标。目前已引入了 20 余个都市农业项目，面积达 9 万余亩，现代农业产业格局已粗具规模。

规划面积达万余亩的秦龙农业园，目标是打造世界少有、中国一流的大型现代都市农业园区。这个园区不仅可让市民采摘观光，还可以给大家普及科普知识。在科技生态园内，中韩合资的冰草种植基地，将给爱美的女士带来福音。另外，兰泰植物园和基泰植物园内，树种已枝繁叶茂，园区不仅用于苗木栽培，也可以提供休闲娱乐。

此外，泾河新城还规划建设了一系列现代农业项目。葡萄酒庄园主要以优质葡萄酿酒加工和高端珍稀树种培植研发为目标，形成集规模化、科技化与生态化于一体的现代农业示范基地；盛汇·长乐庄园是集科普研究、深加工、观光休闲与定制种植于一体的综合性现代农业观光示范园。

泾河新城在现代农业领域的“升级换代”，不仅可以大幅度提升农业品质，实现农业的现代化、集约化和规模化发展，促进区域内农业与工业、服务业领域的产业联动和融合，还将为实现城乡一体化发展发挥良好的示范作用。

3. 以人为核心，城镇化水到渠成

在西咸新区泾河新城，新型城镇化、现代农业发展迅速，以人为核心的城镇化水到渠成，“望得见山，看得见水，记得住乡愁”悄悄显现。

对于一个新型城镇化过程中的新城而言，农民的城镇化是核心，也是最大的民生工程。泾河新城团队具体做法是：第一，使农民变居民、市民；第二，做足产业支撑作用，农民在农业和工业园区、服务业领域实现就业、创业、安居乐业；第三，让区域内农民望山、看水、记乡愁。

据此，泾河新城与泾阳县开展协作，区域内很多被征迁村民正在从农民转为市民，成为产业工人与服务业从业人员。数据显示，目前，泾河新城已完成区内 4 个镇、61 个行政村、368 个村民小组的集体土地所有权确权登记发证工作，近 7000 名失地农民完成了户籍转换，累计举办就业创业培训 10 余期，已有万余人在家门口实现了就业。户籍与就业方式的变化将带来住房、就业培训和社会保障等一系列民生改善，将更长远地推动新型城镇化的发展。

（三）中国西部科技创新港：大学变学镇

严肃的牛津、浪漫的剑桥、活跃的哈佛……走进这些世界一流大学，如同走进一个开放包容的城市，没有围墙的天空下，是开放、包容的科学研究氛围，以及相互碰撞、激荡的引领世界发展的创新潮流。

在陕西，一座同样没有围墙的大学正在紧张地筹建中。作为省部共建的陕西“十三五”的开篇巨作，中国西部科技创新港已于 2015 年正式启航。它被视为陕西建设创新型省份的重要举措。

1. 二次西进：参与全球创新竞争

2015 年 11 月 26 日，由西安交通大学发起成立，近 30 个国家的百余所大学加盟的丝绸之路大学联盟成立，总部设立在位于丝绸之路经济带重要支点西咸新区的中国西部科技创新港。

科技创新是参与全球创新竞争的“领头羊”，也是供给侧改革“工具包”的核心工具。在古老丝路的起点做好源头创新，是西安交通大学建校

120 周年之际，迈出的二次创业的坚定步伐。

大学作为科技创新的源头活水，被赋予更多的责任。大学现有的体制和办学模式，已经不能满足社会发展的需求。尤其在科学技术爆炸的年代，大学对社会独有的推动力逐渐削弱了。相关数据显示，目前我国高校每年的国家级创新成果有 6000～8000 项，但真正实现有效转化与产业化的还不到 10%。这直接导致这些创新成果的应用价值随着时间的流逝逐渐消失，从而造成科技资源的浪费。

执陕西高等教育牛耳的西安交通大学布局国家级新区西咸新区，启动“二次西进”，建设中国西部科技创新港。这里将建设成为科技创新的国家级示范区，整合科研、教育、转孵化和综合服务四大功能，主动探索现代大学发展的新形态，丰富建设一流大学的新内涵。创新港叠加创新驱动、西部大开发、“一带一路”建设三大战略，抢占现代科技制高点，增强国家博弈主动权，这是新区的国家使命担当，也是西安交通大学探索科技源头供给的改革试验田。

2. 打破壁垒：23 个研究院重构科技创新链

一组数据可以说明西安交大的科研实力有多强：29 名两院院士，5 个国家重点实验室，4 个国家工程研究中心，64 个省部级重点科研机构。优质的科研资源为解决行业关键性技术问题，发挥科技对区域经济和社会发展提供了重要的支撑作用。

依托西安交大的科技资源，把中国西部科技创新港建设成我国科技创新的示范区，就必须走一条不同于传统科研模式的创新之路，重构学科组织架构成为创新港创新的核心所在。

瞄准能源革命、中国制造 2025、“互联网＋”，充分发挥西安交大在新能源、新材料、装备制造、信息技术、航空航天、大数据、环境保护以及医药健康等重要科技领域的科研优势，创新港将打破传统的学院制划分，设置 23 个交叉科学研究院，并面向全球招聘高端人才。

开放才能激发创新的活力。打破学科间的界限，打破区域的界限，使高校不再封闭，主动与社会互融互通，这是创新港迈出的第一步。这 23 个研究院，全部根据未来社会发展需求和当下中国主导产业的需求设立的，实施开放式科研，搭建形成服务社会的公共研发基础平台。而且新区还将有与世界500强企业共建的校企联合研发中心，建立以企业为主导的产业技术创新机制以及完善科技与金融结合机制等一系列体制机制的改革创新。通过学科交叉、协同创新，产生源源不断的科技成果，从而打通创新链，拉长产业链，提升价值链。按照计划，到2018年创新港一期完成建设，23个研究院将投入使用，2万名西安交大的研究生和5000名教育科研人员将聚集在此，他们的研究方向和实践将引领世界未来发展的方向。

3. 拆掉围墙：校区、园区、社区三区合一

2015年，“中国西部科技创新港概念规划设计国际邀请赛”举行，张锦秋院士等专家担纲评审，8位国内外知名规划设计大师携作品受邀参赛。借助国际一流的规划设计大师之手，一个集教育、科研、创业与生活于一体的开放国际化小镇渐渐成形。

打开创新港的规划图，在4000多亩的土地上，一轴三核四绿楔五板块构架一览无余。这是一个以绿色为主的绿色小镇。一条连续的城市绿带穿越小镇中间区域，形成尺度宜人的带状开敞空间，将分布商业、文化和娱乐等城市公共服务设施，成为小镇最具活力的廊带空间。四个楔形绿地如同四条中央绿廊，为海绵城市和生态基础设施建设提供场地，并构建起小镇的城市骨架，划分出五个学镇功能区，兼具教育科研、产业聚集与城市配套等多重功能，实现产城一体化的市镇构想。既有“学”的内涵，又有“镇”的形态，将“智慧”的要求充分结合到城市建设、管理和运营当中，拆掉有形的围墙，实现校区、园区、社区三区合一。

二、主体创新典型人群

产业创新了，还需要创业主体创新。西咸新区涌现了一批不同类型的创业者，共同改变着西咸面貌。

（一）家乡现巨变，村民纷纷返乡创业就业

占地约1300亩的茯茶镇项目，由双赵村提升改造项目、茯茶文化产业

园、丝路文化旅游商业街和优美小镇四部分构成，以双赵村提升改造为基础，以泾阳茯茶文化为依托，带动周边村镇经济及旅游开发。包括双赵村在内，在茯茶镇，各种创意作坊和特色美食吸引了不少外地游客的目光。在此前的“9·3”小长假期间，来自河南、山西、四川、重庆、北京、甘肃和宁夏等地以及国外的游客共35万余人进入茯茶镇游玩体验，日均接待游客达13万余人。据统计，茯茶镇实现销售超过1500万元，个别商户日均营业额超过5万元。

苏婷的“苏家小吃”便是在双赵村改造项目带动下做起来的。据苏婷介绍，家乡的巨大变化让她放弃了大城市的打工生活，大学毕业四年后选择了回家乡创业。“今年春节回来看到家乡变化很大，于是便想留下来在家创业，现在我身边的朋友同学都在这边做生意。”

家乡的新变化，让和苏婷一样的年轻人选择回家创业，也让一直在外面跑运输的苏大哥停下来，经营起了自己的“苏家酿皮”。据苏大哥介绍，之前在外面跑运输不但累还很少能照顾家里，现在家乡改造发展旅游，于是便有了自己开店创业的打算。现在每天也能有三四千元的收入，按照苏大哥的话说，“这里游人很多，不担心收入问题”。

据了解，双赵村提升改造项目占地约355亩，一期涉及提升改造158户。项目坚持“政府引导、村民自愿、市场运作”，积极发挥政府和群众的作用，通过“农户广泛参与，业主自主经营”，实现双赵村自然村落的改造提升，对加快新农村建设，提升当地群众生活质量、增收致富意义重大。

茯茶镇的开发，大大带动了当地旅游业的发展，更重要的是解决了不少当地村民的就业问题。仅就茯茶文化产业而言，据泾新茯茶公司的负责人李江涛介绍，茯茶镇目前有100多家茯茶厂，为村民返城就业、带动当地经济发展起到积极作用，其中，仅泾盛裕一家茶厂就有工人2000人。

（二）工商资本助推西咸新区都市农业

已经种了20多年葡萄的王新去年还是西咸新区泾河新城团庄村一名靠天吃饭的地道农民，现在已变成了秦龙现代生态智能创意农业园区（以下简称“秦龙农业园区”）一名按天拿工资的农业工人。

王新家的3亩土地，如今已是秦龙农业园区20多个葡萄大棚的一部分。王新指着不远处的4个巨大的玻璃温室说：“那里面种的草莓、西红柿和黄瓜，都是在全世界范围内选的品种，采摘都用的是机器人。”作为西咸新区现代农业的一个重点项目，通过土地流转，包括团庄村农地在内的1万多亩农业用地将集中到秦龙农业园区，其中8000亩土地将全部用来进行农业种植，以及农产品的研发、加工、储运与销售，规划100亿元的投资规模将彻底改变传统农业的发展方式。

仅仅一年时间，秦龙农业园区一期600亩的土地在10亿元资金的打造下，正在变成一座现代农业的展示中心。在已经建成的5000余平方米的蔬菜展示馆里，智能机器人已经能够进行管理、施药、采摘与分拣等作业，立体栽培技术与无土栽培技术和农业数字化管理技术得以应用。它将连同正在加紧施工的花卉展示馆、果品展示馆以及生态展示馆一起，构成秦龙农业园区展示现代农业最新技术的前沿舞台。

就在王新为葡萄苗松土的同时，两位来自荷兰的水培生菜专家也在秦龙农业园区里为机械化的水培生菜种植方式提供专业支持。秦龙农业园区二期3000亩的农业已启动，规划面积30亩的水培生菜种植基地将在2016年或2017年启动，尝试让农作物种植向着自动化、机械化和工厂化的生产方式发展。作为一家民营农业园区，投资者苗子恩投入巨资进军现代农业，把它视为自己的二次创业，试图用三产融合的方式破解制约农业发展的“瓶颈”：“这是一个农业产业园区，将旅游观光和商务会展等服务业功能与农业生产、农业加工融合在一起，形成农业链式发展模式，实现多元化营销，以效益综合化促进经济快速回收。”

据国家统计局西安调查队调查显示，在西安农村仅有5%的农村劳动力专门务农，农业转型迫在眉睫。西咸新区的现代农业正在被越来越多的工商资本推动前行。占地1078亩、由张裕葡萄酒股份有限公司投资6亿元建设的张裕瑞那城堡酒庄一期已于2013年10月建成投产。此外，兰泰庄园植物园和西咸农庄景观农业园区等数十个农业产业项目遍布西咸新区。

工商资本的进入，使西咸新区的都市农业一开始就走上了与市场接轨的道路，打开西咸新区农业现代化、产业化的大门。

（三）西咸新区秦汉新城复转军人创业孵化基地挂牌

西咸新区复转军人创业孵化基地设在秦汉新城大秦农庄，首批来自秦汉新城的200多名复转军人创业者在这里进行创业知识、创业理念和创业流程等相关培训。西咸新区秦汉新城复转军人创业孵化基地的开放，在未来无疑会为复转军人提供更多的就业岗位、更全面的技能培训以及更完善的创业平台。

秦汉新城是国家创新城市发展方式的先行试验区，也是创新创业的产业高地，复转退军人作为就业群体的重要组成部分，既是社会“大众创业”的重要群体，也是“万众创新”的优势人才资源。建设复转军人创业孵化示范基地，是建设“民生之都”的具体实践，也是创建“双拥模范城”的实际行动。退伍只是战场的转移，在军人的字典里，永远只有向前和胜利，祝愿各位复转军人退伍不褪色、退役不退志，永葆军人的信念和本色。

（四）“订单式”培训保障农民就业

西咸新区沣西新城举办首期失地农民再就业培训会议，对第一批招聘上岗的90名保洁员进行了工作技能培训，而这只是面向失地农民开展培训工作的开始，后期沣西新城还将通过一系列培训，实现失地农民多元化就业，帮助农转城人员实现“安居乐业”的愿望。

为了使失地农民尽早融入城市生活，沣西新城坚持“离土不离乡，失地不失业”的原则，将失地农民工安置作为重中之重，除了提供全部达到国家一星绿色节能小区标准的保障房之外，还开展技能培训，实现多元化就业，使失地农民以一技之长立足城市，在家门口工作，多一份稳定收入，真正实现城市发展让生活更美好的梦想。

为解决好农民工进城，沣西新城积极与当地政府职能部门联系沟通，切实做好被征地群众就业培训和安置工作，确保被征地群众失地不失业、生活有保障。不仅结合城市发展实际，提供道路保洁、保安和物业管理等公益性岗位，优先安置被征地拆迁群众，还积极与辖区入驻企业联系，签订用工协议，在符合要求的前提下优先录用当地人，并采用“订单式”培训，使失地农民通过定向培训直达工作岗位。

沣西新城根据城市发展需要，设立用工人才库，陆续从被征地拆迁农民中招聘人员，扩充到保洁、园林绿化和保安队伍中，对其上岗和工作业绩等情况进行登记造册，建立台账，统一派发上岗劳务证，实现正规化管理。同时按照老、中、青三个年龄段开展分类培训，与有关部门、行业协会合作，举办具有行业特点、针对性较强的专业技能培训，例如家政服务、物业管理、电焊和驾驶等，实现多元化就业。

此外，沣西新城还将以产业带动就业，兼顾各年龄段就业需求。据悉，仅联通项目建成后，就将提供 2 万座席，6 万个工作岗位，这些岗位主要面向年轻人。同时沣西新城还将构建“全新市场形态”，从满足未来城市功能需求的角度，超前规划建设由低到高各类形态的市场，如针对城市“厨房工程”建设的蔬菜生产交易市场、针对城市“绿化工程”建设的花卉苗木市场等，通过设立城市需要的专业市场来解决当地大部分被征地农民的就业问题，并制定出台鼓励支持政策，引导被征地群众自主创业。

三、载体创新典型小镇

在西咸新区 882 平方公里的土地上，汇聚了沣河、泾河和渭河三大水系以及沣镐都城遗址、西汉帝陵遗址和秦咸阳宫遗址等人文遗迹。西咸新区建设 35 个优美小镇，以实现“核心板块支撑、快捷交通连接、都市农业衬托、优美小镇点缀”的现代田园城市总体目标。

其中，茯茶小镇就是典型代表。茯茶小镇是西咸新区以茯茶文化为主题，集吃、住、游、娱、购于一体的特色关中民俗文化优美小镇，自一开园起便凭借其厚重的文化底蕴、独特的生活韵味和特色鲜明的产业布局，从关中众多的特色小镇中脱颖而出，成为发展特色小镇的一面旗帜，也成为西咸新区发展优美小镇实践“供给侧改革”探索的一个典型样本。

茯茶小镇采用“政府引导、村民自愿、市场运作”的方式，通过由政府联合出资、社会力量参股和村民集体资产评估入股等方式成立公司，入“镇”商户免两年房租，“镇区”由政府统一规划，委托公司统筹运营。

茯茶小镇就像一个产业创新升级的发动机，又是一个开放共享的众创空间，既集聚了人才、资本和技术等产业要素，又能让这些要素充分协调，破解经济结构转化和动力转换的现实难题，释放出创新活力。

（一）文化为魂：一出生就风华正茂

一条水系在村外蜿蜒，水车咕噜咕噜地转着，为小镇增添了一份灵秀气韵。穿上鞋套、白大褂，消过毒后走入茯茶制作室。称茶、蒸茶、压制，将压制好的茯茶再放在恒温恒湿的发酵室内进行发酵，一个月后就能收获这块自己亲手制作的茯茶，成为茯茶镇之旅的特有记忆。制茶之余，再到茯茶镇的广场上品一杯温厚醇香的茯茶，听一段高亢敞亮的秦腔，在这里打发午后时光最舒适不过了。

2015 年 8 月 19 日，茯茶镇一期火爆开园。在这个被精心打造的特色小镇，处处彰显“文化才是王牌”的烙印：通过雕塑和路灯等细节体现“丝绸之路”重要的历史节点和特色，还原丝绸之路辉煌的同时，突出小镇历史文化的特征；5000 年历史的灌溉，让陕西形成了别具一格的休闲文化特色，体现搭戏台、说相声等民间休闲文化特色，让游客参与、感受与融入；通过八大怪和剪纸等民俗文化，让游客体会三秦民俗特色，品味乡愁。

事实上，发展特色小镇就是要在产业要素集聚、产业转型升级和历史文化传承中找平衡。如果说特色产业是小镇的生存之本，那么人文风貌就是小镇的生机所在。

“茯茶镇以文化立势，以丝路文化为灵魂，以茯茶文化为核心，以旅游文化为特色。要把1300亩的小镇打造成功，文化才是王牌，从而使文化带动茯茶产业。”茯茶镇商业运营管理公司董事长李著介绍。

特色就是优势，凸显才能发展。蜂拥而至的人潮佐证了茯茶镇的吸引力。据统计，茯茶镇从正月初一至十五共接待游客315万人次，新春大庙会、美食节、崇文古塔会、民间艺人特色表演等活动持续吸引人潮，茯茶镇单日人流量最高达到40万人次，单日车流量达到了10万余辆，成为陕西优美小镇游的新地标。落户茯茶镇的金叶茯茶有限公司总经理熊雁说：“陕西这样的小镇很多，去考察后选择了茯茶镇，是因为被这里的文化吸引。以前，人们来西安就是游览名胜古迹；以后，茯茶镇就是陕西茯茶的一张名片，到了茯茶镇就是另一种休闲茶文化体验。”

（二）创业创新：一点燃便活力四射

特色小镇不是行政意义上的镇，而是聚合了产业、旅游、文化和社区多个功能的空间，是适应当下和未来的生产、生活及生态要求的新平台，是孕育创业创新的生态圈。

走进茯茶镇，空气中仿佛都能嗅到梦想花开的气息。一个承载梦想、孕育创业创新“种子”的特色小镇横空出世。

王女士是茯茶镇关中老味道农家乐的老板娘，回乡创业之前，王女士和丈夫一直在泾阳县药监局做饭。听家里人说双赵村在建茯茶镇，王女士和丈夫敏锐地嗅到了商机，决定到茯茶镇来实现多年的创业梦想。“因为娃他爸一直是做厨师的，而且十几年前就自创了茯茶鸡，当时想着茯茶镇开园就是俺们发展最好的平台，但是实在没想到会这么火。”王女士爽朗地笑起来。泾阳关中老味道农家乐最忙的时候一天有108桌，毛收入上万元。开园半年时间，前期30余万元的投资已经基本回本。“现在城里人到咱这店里来吃饭都要提前预约，否则来了也吃不上。”王女士补充道。

茯茶镇平台的日益壮大不仅吸引了当地人回乡创业，更吸引了越来越多的外地“创客”慕名而来。

金叶茯茶有限公司总经理熊雁是江苏南京人，2015年4月初来茯茶镇考察，他当时看到了一片荒地上只栽了三棵树，心里有点打鼓。回去后他反复思忖，始终认为有了茯茶这个文化品牌，再有“茯茶产业、旅游产业、文化产业”三大产业支撑，茯茶镇没有不成功的理由。于是，有30年工作经历的熊雁辞去了公务员的工作，来茯茶镇开始自己的创业生涯。从2015年5月正式入驻茯茶镇以来，茯茶镇日新月异的巨变让熊雁看在眼里，喜在心上。他和其他股东筹建的20亩生产高品质茯茶的工厂，也在有序地建设中。“像新区公司设的这个茯茶体验馆，最多的一天能接待游客一千多人，就可以想象茯茶镇的火爆程度和未来的前景。我想，北边有茯茶镇，南边有普洱市。茯茶镇是一个非常好的创业创新的平台，未来的茯茶镇至少要和丽江、凤凰古城相媲美。”熊雁信心满满。

如今的茯茶镇一铺难求，并且处处上演着“创客”们创业创新的激情，形成了一个孕育创业创新的新平台。各美其美、美美与共的创业创新生态成为小镇发展的新活力。

（三）产城一体：一相逢定脱颖而出

产业生态与人文自然融为一体，社区功能与旅游服务一应俱全，一幅幅独具诗画韵味的协调发展画卷在小镇铺开。

作为产业小镇的代表，占地1300亩的茯茶镇总投资30余亿元，以茯茶文化为依托，带动周边村镇经济及旅游开发，打造成产城一体、国内一流的集茯茶生产研发、文化衍生品研发、旅游体验和城乡统筹于一体的综合园区。

“‘文化为魂、水系为韵、产城一体。’千年茯茶文化是一笔丰富的资源，是‘泾阳茯茶’的灵魂，通过文化旅游完善周边文化居住配套，打造‘茯茶小镇’，以产业推动区域发展。”泾河新城管委会相关负责人说。

走进茯茶镇石新顺家的水韵阁茶楼，宽敞明亮的院子里错落有致摆放着样式颜色统一的桌椅，院子的最里头是一个大的戏台，上面摆放着来往游客的即兴墨宝和供旅客书画的文房四宝。2015 年 3 月，泾河新城不占田、不拆房，采用整村景观提升的办法，免费为双赵村几百户村民住宅进行美化改造，石新顺家就是其中一户。

“建茯茶镇，新区村民是太受益了，农民变居民了，以前的住宅被免费改造，现在家家都有自己的产业，把钱也挣了，而且每天还生活在画一样的环境里。”石新顺激动地说。

青砖、灰瓦映着门前的花坛，一家挂着红红的辣椒，一家就挂着金黄的玉米；你家是古朴的印花蓝布，我家就是水车竹影。目前一期 400 余户民居的外立面、坡屋顶都按照陕西关中传统民居建筑风格结合现代手法进行处理。从茯茶镇拥挤的商业街出来，就能看到一个个清新古朴的农家小院，有的是茶楼，有的是农家户，有的是民俗文化店。它们使农户的钱袋子鼓起来，也点亮了茯茶镇的街景。

“茯茶镇项目的成功打造，将促进茯茶产业的健康发展，打造优质茶文化与慢生活体验品牌，增加居民收入和幸福度，将实现经济效益、社会效益和生态效益的统一，从而使其获得长期可持续发展能力。”茯茶镇商业运营管理公司董事长李著说。

通过政府搭起平台集聚资源，来茯茶镇的企业找到了升级壮大的机会，当地老百姓享受到了宜业宜居的优美环境，“创客”也找到了实现梦想的大空间。并且，通过聚合产业、文化、旅游和社区功能，致力于培育三产联动、历史现代未来同现、生产生态生活共融、宜居宜业宜游的新产业，茯茶镇已经构筑成以“茯茶产业”为核心的产业新高地。

四、制度创新典型做法

（一）注册登记制度改革，激活家庭农场创业潮

西咸新区作为陕西省率先推行注册登记制度改革的地区，陕西省第一张由实缴制改认缴制的企业法人营业执照也在西咸新区诞生。市场主体初

步呈现激增态势。

家住西咸新区窑店镇黄家沟的李国文是个生猪养殖户，一直渴望拥有自己的公司来扩大生产规模。但注册资本实缴登记制的限制，让他未能如愿。听说西咸新区工商局成立后，同村的养殖户未提交验资报告，申请当天就领到营业执照，李国文抱着试一试的态度来到西咸新区政务大厅询问，得知果真如此，老李当即递交申请材料。但由于材料不全，填写不规范，西咸新区工商局的工作人员特地给他作了详细说明。

李国文补齐材料后，当天就领到了营业执照。拿着崭新的执照，他难掩激动："新政策想到咱农户心里头了，真没想到办事这么方便，效率这么高，我的家庭农场开张后一定会财源广进哩!"

自西咸新区在全省率先实施注册资本实缴登记制改为认缴登记制后，单靠村民间的口口相传，就激活了当地农民的家庭农场创业热潮。"过去农民受注册资本最低额度限制没有能力注册公司，如今认缴制出台使得公司注册更加便捷。"西咸新区工商局相关负责人张琦告诉记者。家庭农场是西咸新区建设现代田园城市的重要组成部分，在企业注册中，农民注册的农业公司占比较大。

（二）西咸新区保障房助推 70 万农民就地城镇化

在西咸新区新型城镇化启动 4 年之后，数万农民离家不离乡，已经或即将入住窗明几净的新房。他们正是西咸新区保障房建设的最初受益者，也是西咸新区新型城镇化的最大受益者。

1. 离家不离乡，保障房与就地城镇化完美结合

新区范围内有 70 万农业人口，居住条件普遍较差。新区在 2012 年成立之初，就将保障房建设与区内农业人口城镇化相结合，改变以往简单让农业人口迁入城市居住的做法，提出要让农业人口就地城镇化。正是在这种理念下，西咸新区全力推动保障房项目建设，到目前为止，全区 54 个保障房项目已竣工或基本建成 35561 万套，已分配入住 3000 套，累计完成投资 110 亿元，成为西咸新区新型城镇化建设重要载体之一。

2015年，秦汉新城保障房项目渭柳佳苑一期36栋1759套保障房建设完毕，开始群众安置回迁工作。园林式的居住区实现了水、电、气分户计量控制，宽带、电视、电话系统入户。室内卫生间、厨房贴瓷砖，住户无须装修即可入住。小区内物业管理、幼儿园和地下停车场等公共配套设施一应俱全，注重突出尊重人的行为模式、强调人车分流等规划理念，成为百姓们安居乐业的新街坊。

2. 农民变市民，住在城市“白菜心”

选白菜心一样的好地段盖保障房，这在很多城市是不敢想象的，以至于选址偏远一度成为人们诟病保障房的一个重要原因。而西咸新区恰恰为自己的首批城市居民选取了城市最核心的、最先发展的地段，将保障房与基础设施同步建设，来实现他们的安居梦想。

自贸大道是空港新城航空物流枢纽板块的主干道，最近新区刚刚获批的西咸空港保税物流中心就在这条大道上，未来这里也将是空港新城探索临空型自贸区的主战场，这里是未来空港新城核心中的核心。西咸新区把空港花园社区安居房项目放在这里，就是要让为新城发展作出贡献的老百姓能够最先享受到发展的成果。

这样的选择在西咸新区比比皆是：在沣东新城，2013年已经入住的安置小区启航佳苑就在地铁出口处，出门便是汇聚宜家、大明宫建材城和华人万象城等商业巨头的三桥商圈；在沣西新城，保障房项目同德佳苑与西咸信息产业园仅一路之隔，中国联通、中国移动和中国电信等大型企业已落地于此，不久之后这里将成为陕西发展信息产业和年轻人创业的新高地。

3. 高标准建设，享受绿色城市生活

如果说基础设施的配套是一种基本需求的话，那么对绿色生活的追求则从一开始就融入新市民的生活中。告别绿色的田野，走进的不是钢筋水泥森林，而是与自然共生的绿色社区，对于即将成为新市民的农民来说，无疑是个更高层次的转变。

新区在沣西新城所有保障房项目上，全面推广绿色建筑，严格按照绿

色建筑标准，采用光伏发电、太阳能集热、地辐热采暖和外墙外保温等技术，最大限度地减少开发建设对环境的影响；特别是在雨水利用上，沣西新城所有保障房小区的雨水经过雨水花园的渗透和过滤后，再经过排水管道流向绿廊，再次渗透和过滤，让自然与社区融为一体。在保障房建设中，西咸新区通过率先执行绿色建筑标准，最大限度地实现了节能、节地、节水、节材，保护环境，减少污染，沣西新城沣润和园和康定和园等小区获一星级绿色建筑标志，沣东新城芊域溪园小区获二星级绿色建筑标志。目前新区20%的保障性安居工程项目达到绿色建筑标准，未来所有保障性安居工程将逐步达到绿色建筑标准。

4. **杜绝贫民窟，构建多重保障**

对处于城镇化浪潮中的农民来说，保障房不仅仅是一个容身之所，他们在享受医疗、教育等城市公共配套的同时，也在随着城市的发展不断进步，最终实现人的城镇化。

在西咸新区，一种新的户籍制度改革正在实验：兼顾农民、失地农民和城镇居民于一体的新型社会养老保险制度，将年满16岁以上未参加各类养老保险的被征地人员全部纳入保险范围；改善转户居民子女接受义务教育的条件，享受与城镇学生的同等待遇；科学合理布局综合医院、专科医院和社区卫生服务医疗机构，保障转户居民及其子女享有国家规定的公共卫生服务；搭建农民培训和就业服务平台，就地转化农村劳动力，安置失地农民就业。

更为重要的是，在完成户籍转换后，由村委会牵头负责，通过自愿参股等形式，聚集村民手中的闲散资金，按照现代企业制度筹建公司，进行市场化运作，实行人人参股、年年分红，创新了农村经济发展方式，彻底实现从农民到市民的转变。

（三）空港新城“五金”保障制度解决农民后顾之忧

空港新城区域内共有村庄56个、人口8.67万人，除机场建设区之外，其他区域的群众生产生活都属于农村水平。2011年7月空港新城成立之初，新区就确立了让群众共享城市化成果、打造新型城镇化范例的目标。2013年启动村庄拆迁以来，新区从保障群众合法权益的实际出发，探索实施了“征迁补偿有现金、闲置房屋收租金、商业面积分股金、区内就业挣薪金、老年生活领保障金”的空港区域征迁群众“五金”制度。

（1）征迁补偿有现金。按照空港新城征迁政策，群众在拆迁时可获得房屋补偿款、补助款和奖励款，按照区域内家庭平均人口4.5人，人均耕地1.5亩测算，平均每户缴纳完安置房购房款后，可获得征地拆迁补偿“现金”约62万元。

（2）闲置房屋收租金。新区的政策是按照每人60平方米的房屋面积给予安置。据测算，平均一户的安置面积为270平方米，自住一套120平方米的安置房屋，剩余的150平方米可以对外进行出租，按照每月6.5元/平方米的租金进行计算，每户每月可收取房屋租金975元。相较于拆迁前原宅基地上房屋基本没有或者少量廉价出租，盈利大为提高。

（3）商业面积分股金。新区按照每人10平方米经济发展用房给予拆迁群众商业安置。平均一户拥有商业用房面积为45平方米，商业用房租金按照每月20元/平方米计算，每户每月可分得股金900元，随着区域开发的深入，市场潜力将带动租金价格不断攀升。

（4）区内就业挣薪金。截至目前，新城已开展失地农民免费再就业培训46期，1922人顺利毕业，举办7次就业推介会，已经帮助500余人在圆通速递、空港大酒店和空港绿化保洁等企业就业，首批意向出国务工人员正在办理相关手续，已就业人员每月平均工资约为2200元。

（5）老年生活领保障金。新区始终从群众失地后的生活实际出发，合理优化社保制度，全面提升拆迁群众尤其是老年群众的社会保障水平。按3万元/亩的标准，统一打包支付失地农民养老金，目前已筹集约6.28亿元社保基金，由渭城区为失地群众办理养老保险，年满60岁的村民每人每月领取260元养老保障金，同时与原有的新型农村养老保险制度合并使用，提高了失地群众的养老标准。

随着征地拆迁工作进一步深入，安置房和商业用房逐步交付使用，入区企业数量不断增加，商业氛围日益浓厚，以每户 4.5 人，1 个家庭中有 1 位老人、1 位中年劳动力计算，平均每户除得到一次性征迁补偿款 62 万元之外，每月还将得到房屋租金、门面房股金、就业薪金和养老保障金约 4300 元。

第七章

以优美小镇为载体的双创驱动新型城镇化实践

优美小镇是西咸新区将产业优势与新型城镇化相结合的创新实践，利用西咸新区丰富的空间特征和文化传承，结合大量创新产业植入，西咸新区创造性地提出了“产城一体、城乡一体”的小镇经济模式，把优美小镇建设与科技创新、文化保护、生态旅游、城乡统筹相结合，通过小镇建设引导农民就地城镇化，在空间上提出了“核心板块、优美小镇、自然村落”体系，形成了“核心板块支撑、快捷交通连接、优美小镇点缀、都市农业衬托”的完整田园城市框架。

西咸新区的“小镇模式”，对全国城镇化建设有重要借鉴示范作用。

第一节 优美小镇建设基本情况

西咸新区共规划优美小镇35个，利用区内山川河流、大遗址保护区和基本农田构建城市绿色基底，优美小镇分布在核心板块外围，点缀在开阔的绿色田园生态区，彰显田园特色、优美宜居及特色产业，与核心板块共同支撑新区发展。

一、指导方针

（一）统筹安排，规划先行

以规划为前提，统筹各种要素，优化资源配置，合理谋划空间布局，注重发挥优势和突出特色，处理好生产、生活、休闲和交通四大要素关系，明确功能定位。

（二）产业支撑，特色发展

依托各新城区位优势，积极发展特色产业，优化产业结构，形成规模效应，引导当地群众就地就业，带动群众增收致富。

（三）设施完善，功能齐备

以改善居民生产、生活水平为重心，按照适度超前原则，加快推进基础设施和公共服务设施建设，促进以及土地、基础设施和公共服务设施等资源合理配置、集约利用。

（四）凸显文化，提升品质

挖掘地域魅力和特色文化，突出打造个性鲜明的建筑风格、绿化景观和人文文化，为优美小镇建设发展注入文化元素，提升优美小镇建设品质，彰显特色和魅力。

（五）环境优美，生态宜居

围绕“现代田园城市”建设目标，结合优美小镇规划，以打造宜居环境为核心，强调环境保护，营造生态优良、清洁舒适、风貌优美的宜居优美小镇。

二、工作进展

新区共规划优美小镇 35 个，目前正在进行规划建设的优美小镇有 14 个，其中，已基本建成的优美小镇有 6 个，分别为：泾河新城崇文小镇、茯茶小镇、空港新城花园小镇、秦汉新城酒庄小镇、刘家沟民俗小镇以及空港新城大石头民俗文化村；已完成规划的优美小镇有 8 个，分别为：泾河新城花李小镇、沣西新城智慧学镇、秦汉新城周礼小镇、沣西新城丝路风情小镇、空港新城太平小镇、空港新城画家小镇、沣东新城沣滨小镇以及沣东新城西周小镇。

这些环境和谐、生态优美、文化丰富的优美小镇，通过完善的公共服务配套、均等化的市民服务、信息化的管理网络，大大提高了就地城镇化率，农民生活生产水平得到显著提高。

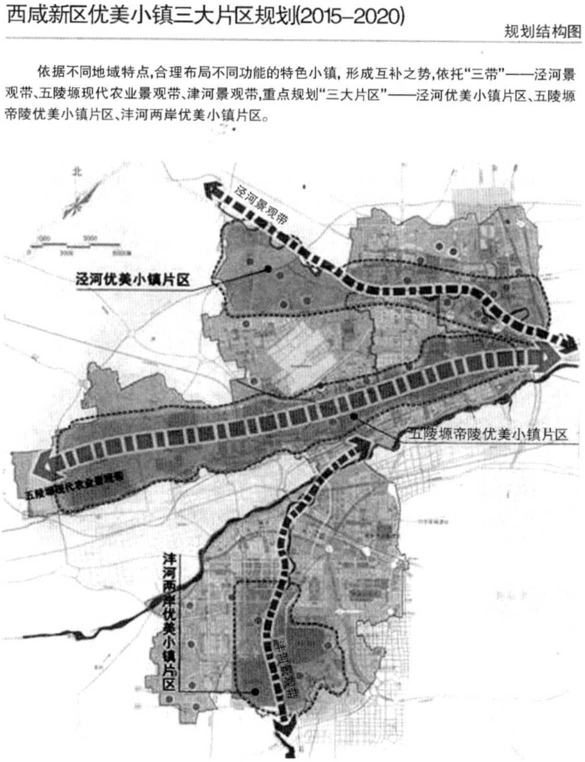

（一）已基本建成的优美小镇

1. 泾河新城崇文小镇

它是依托崇文塔景区旅游产业，公共服务设施齐全、配套功能完善的宜居小镇，是 2014 年陕西省政府确定建设的省级跟踪市级重点示范镇，位于崇文镇虎杨村。按照居民就地安置的原则，规划总建筑面积 270 万余平方米，可安置 7100 户 2.25 万人。计划 4 年内分三期建设，目前完成投资 23 亿元。其中，保障房、安置房、崇文中学和崇文医院等项目已基本建成。

2. 泾河新城茯茶小镇

它是以茯茶生产加工、关中民俗文化为特色的旅游小镇，位于泾河以东 3 公里现代都市农业示范区内，规划用地约 85.6 公顷。通过混合所有制龙头企业运作经营，将建成集“茯茶文化产业、商业展示区、优美小镇及双赵村改造项目”四大功能于一体的，体现茯茶文化、关中民俗文化以及关中生活文化的风情小镇。计划总投资 30 亿元，其中双赵村改造项目已启动。

3. 空港新城花园小镇

它是以完善的公共服务配套、均等化的市民服务、信息化的管理网络为特色的生态花园小镇，位于空港新城自贸大道西侧，渭城大道北侧，占地面积约 700 余亩。秉承“生态花园、活力城镇”的规划理念，规划建设空港花园社区、产业公寓、商业邻里中心以及文化公园，并同步配套空港小学、幼儿园、社区服务中心和社区医疗中心等公共服务设施。总投资约 14.9 亿元。目前，空港花园社区、幼儿园和产业公寓已建成，部分居民已入住。商业邻里中心、空港小学、社区服务中心、社区医疗中心以及文化公园正在建设中，预计 2017 年年底全部建成。

4. 秦汉新城酒庄小镇

它是集葡萄种植、葡萄酒生产品鉴、艺术创作和文艺展览于一体的优美小镇，位于秦汉新城福银高速以东、天汉大道以南、兰池四路以北区域，由张裕酒庄和艺术公社两个板块组成，总占地面积约 1550 亩。其中西侧张裕酒庄占地约 1400 亩，建设用地 500 亩，葡萄种植区 900 亩，集葡萄种植及绿化、高档葡萄酒生产、葡萄酒文化展示、旅游接待、产品展示、会所及特色餐饮于一体，目前已开放营业；东侧艺术公社占地约 150 亩，着力打造集艺术创作和文艺作品展览等于一体的多功能高层次文化艺术家居住和交流中心。

5. **刘家沟民俗小镇**

它是集观光农业、农事体验、民俗文化传承于一体的传统文化村落，位于秦汉新城窑店街道办东1.2公里处，毗邻汉高祖长陵，占地约800亩，按照“一陵带一村，一村护一陵”的思路，组建联合项目公司，以“历史文化”和“民俗文化”保护展示为切入点，建设“文化保护区、就业创业区、休闲度假区和统筹城乡试验区”，总投资约1000万元。目前已累计投资200余万元，已建成180亩的兰池生态观光园、10余户窑洞农家乐、20余家特色小吃店。

6. **空港新城大石头民俗文化村**

它是依托民间传统工艺品制作，以关中民俗体验为特色的传统民俗文化村，位于空港国际文化区，空港周公大道与沣泾大道交汇处。项目依托大石头村整体搬迁，围绕“奇石”文化，建设具有浓郁关中文化特色的新农村。建设用地约250亩，目前新村建设工作已全面完成，除建设关中民俗特色民居、关中民俗展览馆、仿古石雕大门以及天外飞石奇观等特色建筑外，同步建设幼儿园、心理咨询室、活动阵地、健身广场与农家书屋等配套设施。2012年该村被省旅游局评为“省级乡村旅游示范村”。

（二）已完成规划设计的优美小镇

1. **泾河新城花李小镇**

它是以农耕文化、丝路文化、自然田园为主要特色的优美小镇，位于泾河新城以东3公里现代都市农业示范区内，占地85.56公顷，通过村民自发组建股份公司，它将建设成集特色文化风情小镇观光、生态田园风光休闲、教育培训、花李创业与生态居住五大功能于一体的田园生态小镇。计划总投资60亿元。

2. **沣西新城智慧学镇**

它是集教育科研产业、信息产业、创业孵化服务产业于一体的智慧学镇，位于沣西新城范围内的渭河南岸，建设用地规模约4376亩，容积率约为1.12。将现代田园城市理念与国际著名高校“学镇”校园规划理念相结合，以交大科教资源为基础，以先进制造、科技教育和文化旅游等领域合作为重点，以云技术及大数据分析为依托，建设国际化一流学镇。计划总投资约150亿元。目前已完成项目土地利用规划、地铁5号线路接入及站点选址方案。

3. **秦汉新城周礼小镇**

它是集遗址保护、文化旅游、特色餐饮和民俗商业于一体的优美小镇，位于秦汉新城周陵片区，西临迎宾大道，总占地约1600亩，总投资约46亿元。项目包括周陵遗址公园、民俗商业街、国际商业区和周礼佳苑安置小区四大部分，目前安置小区已基本建成。

4. **沣西新城丝路风情小镇**

它是以浓郁丝路风情、丝路文化为特色的低密度、田园化、生态型、科技型的现代城市小镇，位于沣西新城秦皇大道以西，红光大道以北，占地800亩，是全省重大文化项目——丝绸之路风情城项目的主要组成部分，由沣西新城和陕旅集团合资组建项目公司负责项目的开发建设与运营管理工作。

5. **空港新城太平小镇**

它是以高品质绿色食品加工产业为依托、以田园居住为特色的田园小镇，位于空港新城西北部，泾河以南，西咸北环线高速以北，规划用地约1.5平方公里。通过食品加工产业区、田园居住区和公共服务区三大功能集聚区，发展多元复合的生产性服务中心，使其成为空港乃至西安国际化大都市的鲜活农副产品供应基地、航空食品供应基地以及外向型农产品加工基地。

6. **空港新城画家小镇**

它是以庄园文化、艺术会所和美术创业为特色的风情小镇，位于空港新城北部优美小镇与临空农业区，占地约470亩。以“创意文化城、智慧新田园”为理念，打造庄园式低密度艺术城，提供艺术家户外写生的优美视觉意境，主要建设国际美术教育学苑、原创大师工坊、国际美术人才创业园、艺术商务会馆、艺术休闲中心及生活商业配套，总投资约25亿元。

7. 沣东新城沣滨小镇

它是以餐饮住宿和娱乐休闲为主的商业小镇，位于沣河生态公园内，占地约80亩，总建筑面积约为3万平方米。充分依托周边生态环境，建设酒店、客栈、商铺、餐饮、娱乐和酒吧街等项目，致力于打造成为集居住、休闲和美食于一体的大西安休闲消费目的地。总投资约10亿元。

8. 沣东新城西周小镇

它是集西周文化与诗经文化于一体的旅游休闲小镇，位于西咸新区沣河两侧，临近丰镐遗址，规划用地约1000亩。规划“一带两区”，“一带”即沣河诗经文化景观带，“两区”即沣东文化体验区和沣西产业休闲观光区。

第二节
优美小镇建设模式实践

西咸新区在城市开发和优美小镇推进过程中，以特色产业为目标，分别通过创新农业、文化产业、旅游产业与科技产业为依托，规划特色鲜明、生态宜居、交通便捷、配套完善、各具特色的优美小镇。同时，结合各新城地域特点和产业定位，因地制宜地探索优美小镇建设模式，努力让农民在充分享受新区开发建设红利的同时，实现新区经济社会快速稳定发展，进而实现“现代田园城市”伟大构想。

一、路径创新

（一）以创新农业为支撑，引领优美小镇建设

西咸新区高度重视创新产业在优美小镇建设中的作用。在建设过程中，以产业发展为抓手，充分将优美小镇建设与《西咸新区总体规划》产业定位有机融合，结合地域优势，科学布局特色产业，集约节约有效利用土地，并按照市场运行原则，充分撬动社会资本，进行市场化运作，全面改善原有城镇容貌，提高人民生活福祉，提升新区在城镇化发展过程中的质量。

空港新城太平小镇结合航空物流特色产业，依托区位优势，发展以高品质绿色食品加工产业为主、生态宜居的特色优美小镇，使其成为大西安国际化都市圈的鲜活农副产品供应基地、航空食品供应基地和外向型农产品加工基地；泾河新城茯茶小镇结合当地历史悠久的茯茶产业，在建设过程中，通过与大企业合作，按照“龙头企业带动、广泛农户参与、提高组织化程度”原则，由西咸新区泾河新城开发建设（集团）有限公司与泾阳县茯茶发展服务中心、陕西蔚嘉实业有限公司与西咸新区泾泰商贸有限公司共同出资，成立西咸新区泾新茯茶文化产业发展有限公司，并联合双赵村集体股份制公司（即泾河新城双赵实业发展有限公司），以农民集体土地入股的方式，共同开发建设泾河新城茯茶小镇，探索国有资本、集体资本与非公有资本等交叉持股、相互融合的混合所有制经济形态，共享发展成果；泾河新城花李小镇，采用“产业主导、社会投资、市场运作”模式，打造集商业、现代农业、文化教育和居住于一体的优美小镇。同时，对原有集体经济进行了股份制改造，将集体资产折股量化到人，使村民“老有所依、少有基金、残有保障、劳有岗位”。

（二）以智慧产业为突破，带动优美小镇建设

西咸新区自成立之初就倡导各新城充分利用科教资源优势，发展新一代信息技术等战略性新兴产业。同时，在优美小镇建设中，充分利用先进科技技术和雄厚教育资源，打造以科技创新应用为特色，低碳环保、科教

领先、环境宜居的优美小镇。

其中，沣西新城丝路风情小镇是以浓郁丝路风情和丝路文化为特色的低密度、田园化、生态型、科技型的优美小镇，是由沣西新城和陕旅集团共同开发建设与运营管理的全省重大文化项目——丝绸之路风情城项目的主要组成部分；沣西新城智慧学镇将现代田园城市理念与国际著名高校“学镇”校园规划理念相结合，以西安交通大学科教资源为基础，以先进制造、科技教育和文化旅游等领域合作为重点，以云技术及大数据分析为依托，建设集科研、教育、转孵化与综合服务配套于一体的优美小镇。努力成为“创新能力突出、科教特色明显、国际交流广泛、公共服务完善”的创新高地，成为中国高等教育综合改革的西安交通大学样板，中国特色新型城镇化的西咸范例，中国经济转型升级的陕西引擎。

（三）以文旅产业为导入，助推优美小镇建设

西咸新区横跨西安、咸阳两座古都，周、秦、汉、唐均在此留下了历史痕迹。新区坚持“尊重历史、挖掘文化、绿色低碳、循环发展”原则，充分挖掘历史潜在价值，通过对历史和文化的整合提升，打造一批文化内涵丰富、生态环境优美、经济效益明显的特色优美小镇。

其中，空港新城画家小镇以国际美术博物馆群为核心，包括陕西画家村、国际画家公寓和文化街区等，是陕西省首个集文化旅游、艺术欣赏、艺术品交易、国内外艺术交流于一体的综合性文化艺术平台；沣东新城西周小镇是集西周文化和诗经文化于一体的旅游休闲小镇，努力打造将西周历史文化与现代城市发展有机融合的环境优美、文化鲜明、功能完备的特色优美小镇；秦汉新城周礼小镇由于受到文物保护限制，在建设过程中，致力于打造集遗址保护、文化旅游、特色餐饮和民俗商业于一体的优美小镇。

西咸新区通过将“现代田园城市”和城镇化发展有机融合，提高新区城镇化发展水平和发展质量，走出一条“精明增长”、低碳高效的可持续发展道路。同时，遵循现代都市人群生活消费需求，打造出一批公共设施完善、环境优美、交通便捷的集居住、休闲、美食功能于一体，以消费为目的的优美小镇。

其中，沣东新城沣滨小镇充分依托生态公园旅游资源，建设集酒店、客栈、商铺、餐饮、娱乐和酒吧街等功能于一体的优美商业小镇，致力于打造成大西安休闲消费目的地；泾河新城崇文小镇以中国最高砖塔崇文塔为核心，建设一个集文化、历史、展览、游乐、商贸、绿化和风情小村于一体的大西安文化商业、娱乐休闲、功能配套的城市公园；秦汉新城酒庄小镇是集葡萄种植、园林绿化、高档葡萄酒生产、葡萄酒文化展示品鉴、旅游接待、艺术创作、文艺展览、产品展示及特色餐饮于一体的优美小镇。另外，秦汉新城还在酒庄东侧，专门规划设计占地150亩的秦汉新城艺术公社小镇，着力打造艺术创作、文艺作品展览等多功能高层次文化艺术家居住和交流中心。

二、功能创新

根据小镇的地理位置、历史文化、传统习俗以及周边产业分布的实际情况，形成各具特色的创新功能区：

（1）都市农业型：主要发展现代农业示范、加工、特色种植和农业休闲等，如泾河秦龙小镇和崇文庄园小镇等。

（2）商业贸易型：主要依托地理位置靠近机场和高速公路等的交通便利条件，重点发展商业贸易、物流服务和高新技术服务等。例如，空港花园小镇建设商业贸易中心；空港幸福里小镇建设写字楼办公场地，服务入区企业；空港阳光里小镇建设标准厂房，发展仓储、运输和租赁等物流服务产业。

（3）工业旅游型：主要发展生产、研发、体验、文化展示及旅游等一体化产业链条，带动周边村镇经济及旅游业发展。例如，秦汉酒庄小镇发展葡萄种植、鲜食葡萄采摘，高档葡萄酒生产、储存和销售等；泾河茯茶小镇发展茯茶生产、销售、文化展示和体验等。

（4）文化旅游型：主要依托当地历史文化资源，打造集观光旅游、农事民俗体验和文化演艺为一体的文化旅游小镇。例如，秦汉周礼文化小镇发掘展示周文化，建设集商业配套和休闲旅游为一体的复合型小镇；泾河陕商小镇以明清陕西商帮文化为主题，建设商业文化旅游综合区域。

（5）文化教育型：依托本地教育资源优势，打造文化教育资源集聚的学镇。例如，国际文教园区依托集聚国际知名大学、职业教育和高端培训为核心，发展国际文化、教育、医养和科研产业的文化教育新市镇。

（6）房地产经营型：依托便利的交通、良好的生态环境及产业集聚的优势，打造现代化的宜居小镇。例如，沣东启航佳苑、巨威大秦郡和沣科花园等主要是通过城改模式实施农村城市化改造的新型居住小镇，泾河新城香榭庄园、枫丹白露小镇、荣华优美小镇和卢卡小镇等则是利用周边的良好生态环境，建设现代化生态宜居小镇。

三、投资模式创新

根据优美小镇建设过程中投资主体的不同，优美小镇建设模式可分为管委会投资、社会资本独资、混合所有制合作投资以及村集体自筹资金四种。

（1）管委会投资。由管委会作为出资方对原有行政村进行拆迁改造并配套公共服务设施，按照分区规划就地或在周边区域投资建设优美小镇。空港花园小镇、阳光里小镇、幸福里小镇、沣东沣滨小镇、泾河崇文重点镇、瀛洲新苑及西咸庄园小镇等均属此类。

（2）社会资本独资。管委会通过招商引资吸引社会资本投资开发建设的优美小镇。例如，沣东西周小镇、中丰店小镇、秦汉周礼文化小镇、泾河卢卡小镇、香榭庄园、秦龙小镇、天心庄园、荣华小镇和宏海长乐庄园等均属此类。

（3）混合所有制合作投资。以合作制为基础，采取股份制的做法，由管委会、当地政府、企业和农民共同出资组建公司改造建设的小镇。通过引导广大农民围绕特定产业发展经济，通过“一村一品、一户一业”形式，进行市场化运作，在“家门口”进行自主商业经营。秦汉酒庄小镇、沣西智慧学镇、丝绸之路风情城和泾河茯茶小镇等均属此类。以茯茶小镇为例，引入民营企业咸阳泾渭茯茶有限公司和陕西怡泽茯茶有限公司，由泾河新城文旅集团出资51%、当地政府和两家民营企业共同出资49%，三方合资成立西咸新区泾新茯茶文化产业发展有限公司，开发建设茯茶小镇。

（4）村集体自筹资金。由管委会引导，村集体自筹资金，对村落进行整体改造建设。例如，泾河花李田园小镇在管委会指导下对原有集体经济进行股份制改造，以村委会和各村民小组为单位，按照村民自愿的原则，通过土地入股的形式，将集体资产折股量化，五个村民小组1600余名村民成为企业股东，成立锦绣花李建设发展有限公司、高家置业有限公司以及枣东置业有限公司等12家股份制企业，出资改造原有村落，打造丝绸之路旅游小镇。

四、建设主体创新

为便于实施和指导，按照建设主体的不同，将优美小镇分为四种类型。

第一类是由政府主导的安置型宜居小镇。这种类型由管委会作为出资方，规模较大，1平方公里容纳2万～6万人，通过旧村改造和土地置换的手段，采取农民集中上楼的形式，形成一个新城镇。里面的居民大部分是征地拆迁农民，小部分是通过保障房所吸纳的当地产业工人。崇文镇和空港花园小镇就是这种类型。

第二类是校企共建型智慧学镇。将现代田园城市理念与学镇规划理念相结合，以科教文化资源为基础，以校地共建、校企合作为手段，建设集科研教育、产业孵化和综合服务配套于一体、以产业为主的智慧学镇。

第三类是农民自主改造的民俗产业小镇。这一类是农民自发的，通过对旧村的改造，结合文化、休闲、旅游和餐饮等产业定位，形成“一村一品”的风格。茯茶小镇就是这样建成的。

第四类是城市工商资本为主的特色风情小镇。它们是通过城市工商资本与企业、产业相结合，以城市工商资本为主，凸显特色风情的优美小镇。画家村就是结合自身的绘画、展销和展示功能所形成的一个小镇。枫丹白露小镇则是通过独立的房地产开发形成的房地产小镇，也可以归为城市工商资本为主建设的优美小镇。

五、评价标准创新

衡量优美小镇建设是否成功有以下四个标准：

（1）是否有利于农民获益。建设优美小镇是西咸新区国家级创新城市发展方式试验区核心任务，是建设现代田园城市中体现概念的核心工作，是以社会建设推动新型城镇化建设的重要载体，也是推进城乡一体化的重要抓手。新区优美小镇建设，包括房地产小镇，大多数都涉及农民。农民获益了，满意了，是新区建设优美小镇的基本要求。

（2）是否有利于节约用地。新区在优美小镇的建设中，对土地是节约还是浪费，要会算账，要把优美小镇建设用地的指标单列。通过对农民的集中安置，有效整合闲散土地，提高土地利用效率，提升单位面积人口承载力。节约用地（节地率）是优美小镇建设的一个重要标准。

（3）是否有利于综合体现现代田园城市核心概念。优美和风情这些概念都要在优美小镇得到体现，正所谓“远观很优美，近观很风情”。新区注重教育农民提高审美，同时培养干部学会审美，特别是规划部门在制定和审批规划时，“土要土的掉渣，洋要洋的到位”，杜绝不土不洋。

（4）是否形成可复制、可推广的建设模式。茯茶小镇就是通过混合所有制经济形式，交叉持股、村民入股，成立股份制公司，进行优美小镇建设开发的典型案例。优美小镇的建设，形象和规划可以各异，但是模式，包括征地拆迁模式，都应该可复制、可推广。

第三节
典型优美小镇实践介绍

一、空港新城优美小镇

按照西咸新区建设现代田园城市的总体部署，依据分区规划和国家航空城实验区发展规划，空港新城辖区内有三种不同功能共 9 个优美小镇，目前已经基本建成空港花园小镇，300 余户居民开始陆续入住，社区党委和管委会已成立并正常运行；空港阳光小镇和空港幸福小镇也已全部封顶。大石头民俗风情小镇改造工作已经启动，正在联合渭城区制定方案；太平湖国际文化健康小镇和画家村优美小镇等 5 个小镇正在开展前期的规划设计。

（一）总体思路

发挥西咸新区“国家创新城市发展方式试验区”的综合功能，科学实施、凸显特色，2017 年前后全面建成空港花园等三个小镇，完成大石头民俗风情小镇提升改造；2020 年前后建成太平湖国际文化健康小镇和太平、画家村等 5 个优美小镇；2023 年前后，生态廊道建成，“优美小镇点缀”的市镇布局体系完全形成，现代田园城市理念全面凸显。

为了完成这一目标，新城主要抓好以下四方面工作：

一是围绕打造新型城镇化范例，加快推进空港花园等 3 个优美小镇建设，有序开展窦家等 14 个村的回迁安置。引进成熟的民俗观光和饮食文化品牌对大石头村进行改造提升，打造独具关中特色的“美丽乡村”。依托唐顺陵和萧何曹参遗址园林举办“丝路文化节”，推进枫叶国际学校、全国青少年美术培训基地等教育文化设施建设，形成制度先进、覆盖全面、公平均等的社会公共服务体系。

二是围绕临空农业发展，加快对接上海雪榕工厂化食用菌生态循环项目和中韩高端农业科技园项目，力争尽快落地。加快实施空港临空生态农业示范园、茂沣农业体验园和空港果蔬示范园等建设管理，为构建高端临空农业产业集群打下基础。加快建设西咸空港保税物流中心，实施国际航空物流枢纽和综合立体交通枢纽建设，为打造空港农业品牌提供功能支撑。

三是围绕生态环境提升，加快实施“一环两线”（环太平湖周边和自贸大道两边沿线）的生态绿化和绿色廊道建设，加快实施千亩格桑花种植计划；遵循北部片区农业传统，种植特色果蔬，形成绿植覆盖、生态良好、大开大合的生态化田园城市格局。

四是围绕管理和经营创新，创新土地流转方式，以现代化农场为主要形式，以“农场＋农夫”的方式，让农民带着土地和劳动力两个资本进城。创新融资方式，从政策性贷款和争取上级补助等方面拓展资金渠道，并积极调动社会资本参与项目建设。

（二）主要做法

空港新城的优美小镇不是周庄、西塘，更不是普罗旺斯、圣多里尼，而是城市功能的疏解和分散，是现代田园城市的有机组成，必须按照城乡规划建设、产业发展、基础设施、社会保障、劳动就业和公共服务“六个一体化”的思路持续推进。

1. 功能有所侧重，空间格局特色

将优美小镇与城市中心区进行统一规划。在功能上，形成了层次分明、各有侧重的三类优美小镇：现代生活型小镇，主要承担居住功能，解决征地拆迁后农民转市民的生活居住问题；文化旅游型小镇，主要承担文化旅游功能，又分为民俗观光、健康养生和文化艺术三类，立足于现有的大石头民俗村、太平湖和陕西省美协的艺术家平台，发展文化旅游产业和现代服务业；临空农业型小镇，主要承担居住和就业功能，依托都市农业

发展解决农民转市民后的生活就业问题。在空间形态上，构成了南北呼应、大开大合的点状布局。空港幸福、大石头、空港花园和空港阳光4个小镇在南部片区，环绕城市中心区错落布局；画家村、太平、庙店和竹范4个优美小镇在北部片区，依村庄原始风貌而建；整体上南北呼应又错落分开，太平湖国际文化健康小镇据泾河古河道地势横亘其间，形成了大开大合的整体格局。在工作进度上，科学安排、分步实施。首先集中有限财力和精力，对征地拆迁进展较快的南部片区优美小镇进行了建设。后期将根据开发建设进度，逐步加快北部片区建设。

2. 文化传承，服务完善

现代生活型小镇完全按照绿地等成熟社区标准进行配套和管理，并予以优先保障和建设。选址位于“黄金地段”，花园小镇处于新城主干路附近，毗邻机场和高速公路，交通便捷。依村庄原址而建，在不影响开发建设的前提下保留了古树和牌坊等村庄遗迹，小镇内竖立具有传统民俗色彩的小镇门头，让村民“留得下回忆，记得住乡愁”。建设以群众需求为第一前提，先规划、先建设、后拆迁，许多村庄还没有实施拆迁，但回迁安置房已经建好了。花园小镇的初次规划选址距离机场跑道较近，为了避免噪声扰民，管委会将小镇位置整体北移300米，并调整了附近的产业布局和用地规划。公共服务和配套完备、均等，花园小镇旁配建了专门的商业街区，满足商铺出租、购物消费和就业需求。建设下沉广场，满足群众健身运动和传统的红白喜事需要；建设小镇管理中心、便民服务中心、小镇医疗中心、幼儿园、小学和养老院等，形成了城乡一体化的公共配套和服务体系。

3. 首创“五金”做法，提升幸福感

围绕“人”这个优美小镇建设的核心，大力推进城乡社会保障和劳动就业一体化。建立保障后续生活的“五金”制度，让群众“征迁补偿得现金、闲置房屋收租金、商业面积分股金、附近上班挣薪金、失地领取养老金”。推行全覆盖的免费就业培训，对适龄劳动力实施免费就业培训，现已完成46期、1922余人次。要求入区的劳动密集型企业预留20%～30%的岗位给本地群众，通过就业推介会和订单式输送等方式，实现746人就地上班；与陕西外经贸实业公司合作开展海外劳务派遣，首批意向工人已经开始办理出国手续。温情引导回迁入住，建立“一站式”选房大厅，制定详细的《回迁手册》和《入住指南》，内容甚至细致到每一个家具的尺寸，保障群众顺利选房入住。对房屋进行免费简装并安装双层中空隔音玻璃，免费安装壁挂锅炉和纱窗，免除天然气、有线电视和壁挂锅炉安装费，对物业费逐年补贴，尽力让群众感到温馨宜居。创新推动群众转变，联合渭城区对农民户口进行转换，建立空港与渭城监管、街办指导实施、群众自主管理的新型社区管理机构，成立群众当股东、以商业面积入股的股份制公司管理商业用房，迅速实现“农民到市民、村组到社区、集体经济到股份经营”的转变，让群众成为区域发展的受益者，成为空港新城的“主人”。

4. **基础设施完善**

大力推行城乡基础设施一体化，围绕优美小镇和城市建设，开工市政道路109公里，建成约35公里。自贸大道和周公大道等12条道路已通车运行，周公立交已具备通车条件。水、电、气、暖等配套设施同步推进。目前，主干路网基本形成大环网，组团路网形成功能小环网，“快捷交通连接”格局形成。推行城乡产业发展一体化，围绕文化旅游产业发展，已建成开放唐顺陵遗址以及萧何曹参两个公园，正在推进西安国际美术博物馆、国际文化健康示范区与上官婉儿墓遗址保护项目等建设。围绕临空农业和生态绿化工作，启动临空农业示范园、农业生态观光园建设和千亩格桑花种植，开展“一分田”认领种植活动，“都市农业衬托”的氛围初步形成。

二、泾河新城优美小镇

泾河新城是优美小镇的重点建设区域，首批多个优美小镇在此建设，累积了一些有价值的经验。

（一）主要做法

1. 找准优美小镇建设的切入点

为科学指导区域优美小镇建设，新区按照现代田园城市的建设标准，综合考虑区域整体规划、产业特点和群众意愿等因素，因地制宜探索形成了重点示范镇、风情小镇、产业小镇、文化旅游小镇、丝路田园小镇、田园宜居小镇、新型农庄以及若干新农村八种形式的优美小镇建设思路，具体如下：

重点示范镇：在城市建设密集区，依托优越的地理位置和产业条件，按照以人为本、生态宜居的理念，建设生活配套设施完善、环境优美舒适，集居住、教育、旅游、度假和购物休闲等综合服务于一体的现代化宜居小镇，如正在建设的崇文重点镇。

风情小镇：以展示地域文化风情为主题特色，着力打造环境优美、配套完备、独具特色的优美小镇，以满足不同层次人群的居住生活要求，如枫丹白露和卢卡小镇等。

产业小镇：在产业聚集区域，与科研机构和生产企业等相匹配，为区域内居民、企业职工、商户和商务人士等提供集工作和生活于一体的环保、低碳、绿色、休闲、便捷的现代产业生活小镇，如茯茶镇等。

文化旅游小镇：依托 FCI 田园城市示范区、泾河湿地、中国第一高砖塔崇文塔以及独具特色的文化资源，通过“文＋商＋旅”模式，建设宜商宜旅宜居的特色小镇，如以展示商帮文化为主要内容的陕商小镇等。

丝路田园小镇：以丝绸之路文化为主线，通过政府主导、市场运作、有形无形并举的方式，通过文化、旅游和商贸等产业拉动，形成一个文化氛围浓厚、布局田园生态、体现城乡统筹概念的现代优美小镇，如花李丝路小镇。

田园宜居小镇：空间结构由商业区和住宅区组成，使建筑同时具有城市特性和自然特性，为居住在这里的群众最大限度地提供多样性活动空间，具有融于自然、环境优美、绿色宜居的特征，如荣华优美小镇、香榭庄园和翠缇庄园等。

新型农庄：以现代农业项目为依托，配套建设农业庄园式住宅，在绿色亲水、空气清新的环境中，打造集绿色低碳生活、休闲旅游度假及农业生产体验等需求于一体的现代田园生活样板，如秦龙田园小镇等。

新农村：根据区域现有村庄的自然条件和发展实际，加强村庄归并改造，集中提升营造若干个富有特色的田园新农村，形成人口集聚、产业集中、成效集汇的新型农村风貌。

2. 改革投资体制，创新开发模式，抓住优美小镇建设的着力点

按照“产业主导、社会投资、市场运作”的思路，积极引导社会力量共同参与优美小镇建设，实现投资主体多元化。

在茯茶镇项目建设上，坚持以市场为导向，由泾河新城开发建设集团、泾阳县属机构和民营企业三个主体共同出资建设，通过发展混合所有制经济，为项目开发建设打下良好基础。

在花李丝路小镇项目建设上，坚持政府主导、市场运作、有形无形并举的原则，采用村集体自主改造模式，建设资金完全由村集体自筹，拓宽了项目建设资金渠道。

在香榭庄园、翠缇庄园和秦龙田园小镇等项目建设上，鼓励、引导和支持有思路、有实力、有前景的企业参与开发建设，建设资金由企业自行筹措。通过创新开发建设模式，扩大了项目投资渠道，加快了区域优美小镇的建设步伐。

3. 注重龙头带动，夯实发展基础，抓住优美小镇建设的支撑点

在产业方面，通过龙头企业带动，积极培育主导产业，构筑特色产业体系，实现优美小镇建设和产业培育有机结合、互相促进。

其中，科技文化产业园项目总投资超过 300 亿元，集文化旅游、电子商务、休闲娱乐、动漫设计、影视拍摄、非遗保护和创意产业等多种产业于一体，2016 年 7 月 1 日项目一期乐华欢乐世界正式运营，预计年接待游客数量将超过 200 万人，项目 2019 年全部建成后，预计年接待游客数量将超过1000万人。新区依托科技文化产业园，规划建设了香榭庄园和翠缇庄园等优美小镇。

秦龙农业园规划占地万余亩，总投资超过100亿元，引进了全世界54个国家最先进的农业设备、技术及种子，对区域现代农业发展具有极大的示范引领作用。新区依托秦龙农业园区，规划建设了秦龙田园小镇。

新区依托茯茶镇项目，与3家实力较强的茯茶生产企业达成合作协议，共同打造全新概念的茯茶产业园区，将生产加工与旅游体验有机结合，为优美小镇发展提供产业支撑。

另外，依托华晨汽车产业园和地理信息产业园等投资过百亿的产业项目，规划了一批产业小镇，将陆续开工建设，推动优势产业与小镇建设良性互动。

4. 强调群众受益，引导农户参与，抓实优美小镇建设的落脚点

在茯茶镇项目的建设方面，提出了“村民参与、就地改造”的工作思路，坚持“不拆房、不新建”，在努力保留村庄原始风貌的前提下，根据原有房屋的布局形态就地进行改造，通过完善基础设施和修建景观水系等措施，为村民打造整洁、优美、舒适的生活环境。积极引导和帮扶村集体成立集体经济组织，让农民共同参与村集体经济组织的运营和管理，使农民既有经营收入，又有入股分红，真正成为市场主体，做到持续增收。

在崇文重点镇建设方面，围绕健全城镇功能，切实加强中小学、幼儿园和医院等公共设施建设，为群众创造便利的生活条件。目前，崇文中学已建成投入使用，崇文小学和幼儿园等正在抓紧推进。同时引导崇文村成立集体股份制公司，将集体资产量化到个人，保障群众安居乐业。

在花李丝路小镇建设方面，目前已完成村集体经济体制改革，先后成立了陕西西咸新区锦绣花李建设发展公司等12家集体企业，并完成全体村民的户籍转换，实现养老保险全覆盖，保障了群众的切身利益。项目建成后，花李丝路小镇常住人口将达到3万人，年经营收入预计超过3亿元，可提供就业岗位5000个，村民年收入预计可从现在的7000元提高至45000元以上。

（二）主要经验

一是建设优美小镇，必须有完善的基础设施和良好的生态环境。只有构建便捷的交通体系建设和良好的生态环境，才能为优美小镇建设奠定坚实基础。

二是建设优美小镇，必须尊重群众意愿。要广泛听取群众意见，充分调动广大群众参与开发建设的积极性，取得农民的支持。

三是建设优美小镇，必须因地制宜。在建设优美小镇的过程中，要坚持因地制宜探索不同的建设形式，不搞“一刀切”。

四是建设优美小镇，必须坚持政府主导、市场运作。划清政府权力和市场界限，该交给市场的彻底交给市场，调动各类社会资源共同推进优美小镇建设。

五是建设优美小镇，必须鼓励先行先试。通过典型引路，带动其他地方建设优美小镇的积极性，探索出一套完善的、可复制推广的成熟经验，指导其他地方的优美小镇建设。

第四节
优美小镇发展战略

习近平总书记在视察陕西的重要讲话中要求，“发挥西咸新区作为国家创新城市发展方式试验区的综合功能”。建设优美小镇是西咸新区国家级创新城市发展方式试验区核心任务，是建设现代田园城市中体现概念的核心工作，是以社会建设推动新型城镇化建设的重要载体，也是推进城乡一体化的重要抓手。

作为现代田园市镇体系的重要组成部分，“优美小镇”是“核心板块”的有机对应，是“快捷交通”的支撑节点，是“都市农业”的有效载体，在现代田园城市建设中具有综合性和带动性的作用。加快建设优美小镇，对于构建大开大合的组团式发展格局，对于以社会建设引领城市建设，对于推动产城一体化和城乡一体化，对于创建中国特色新型城镇化的范例，都具有重要的支撑作用。

当前，新区发展进入新阶段，应当充分认识优美小镇在国家创新城市发展方式试验区和现代田园城市建设中的核心地位，充分认识加快优美小镇建设的重要性和紧迫性，把优美小镇作为西咸新区探索新型城镇化道路的重要载体，作为经济新常态下加大投资的重要领域，作为先行先试、深化改革的重要平台，统一思想，齐心协力，开拓创新，集中精力加快推进优美小镇建设，开创西咸新区创新城市发展方式、建设现代田园城市的新格局。

一、创新思路，深刻把握优美小镇建设的总体要求

以国务院《关于同意设立陕西西咸新区的批复》（国函〔2014〕2 号）和国家发展改革委《关于印发陕西西咸新区总体方案的通知》（发改西部〔2014〕296 号）为指导，以建设国家创新城市发展方式试验区为目标，以是否有利于农民获益、是否有利于节约用地、是否有利于综合体现现代田园城市核心概念、是否形成可复制、可推广的建设模式为衡量标准，抓好政府规划引领、龙头企业带动和农民股份合作等关键环节，加快推进优美小镇建设。

与“一村一品”相结合，积极发展特色产业，实现产业兴镇；与创新创业相结合，强化农民职业培训，促进劳动力转化；与探索村组集体经济的股份制改造相结合，鼓励自我改造，实现农民就地城镇化；与完善市镇社会管理体系相结合，探索职业经理人管理模式，提升公共服务和社会管理水平。

二、突出重点，全面完成优美小镇建设的各项任务

（一）优化小镇布局形态，实现集约化发展

按照片区统筹、共建共享原则，率先建设泾河优美小镇片区、五陵塬

帝陵带优美小镇片区和沣河两岸优美小镇片区三大优美小镇群。合理布局优美小镇，划定小镇中心区域和建设边界。强化优美小镇与城市功能片区、原始村落的互联互通，构建有机结合的市镇体系，使小镇片区既相对独立、自成体系，又联系便捷、互动发展。

（二）创新农村建设用地流转模式，集约节约利用土地

将优美小镇列为新区重点建设项目，优先保障优美小镇用地指标。各新城（园办）要优化土地利用结构，加强土地流转管理和服务，探索建立与优美小镇和都市农业发展相适应的土地流转新模式。加大优美小镇建成区和农村建设用地整治力度，通过居民点迁并、空心村改造、闲置废弃土地整理，统筹解决优美小镇建设用地问题。

（三）多渠道筹集建设资金，加大投资力度

两级管委会建设资金要向优美小镇规划建设倾斜，积极策划包装优美小镇项目，争取陕西省在城乡统筹、美丽乡村、农村改革、环境保护、文化传承和乡村旅游等方面的财政专项资金。研究制定关于优美小镇建设的投融资、财税、土地、规划、项目审批、环境保护和公共服务的政策体系，引导城市工商业资本和消费进入农村。加大招商引资力度，鼓励各类企业、村集体和村民等参与优美小镇建设，形成市场化的多元融资模式。创新融资模式，打包争取金融机构优美小镇的融资支持，引导信贷资本投向优美小镇建设。

（四）强化产业培育，构筑产业支撑体系

挖掘不同类型优美小镇的特色优势，制定优美小镇产业发展规划，以小镇资源禀赋为基础、市场为导向，错位布局和培育特色产业，加强优美小镇的产业支撑。加快推进片区产业布局调整，优化资源配置，依托龙头企业带动优美小镇片区发展。加强与核心板块招商引资和项目建设的配套衔接，满足当地居民就业需求，提升优美小镇对产业劳动力的吸纳能力。引导和扶持镇域居民和农民务工经商办实体，促进群众增收致富。

（五）注重职业培训和就业服务，促进农民向居民转变

按照分类指导原则，加强优美小镇的农民就业、创业培训，使其掌握

一定的专业技能，成为优美小镇的特色产业工人。引导农民建设家庭农场、庄园经济，因地制宜发展农家乐等乡村旅游，把优美小镇打造成农民创业乐园，以创业带动就业。建立健全就业信息中介服务，引导农民带着“土地”和“劳动力”两个资本向优美小镇转移。

三、强化组织领导，建立优美小镇建设的考核保障体系

（一）建立协调机制

成立西咸新区优美小镇规划建设工作领导小组，新区管委会主要领导担任组长，管委会分管领导、各新城（园办）主要领导担任副组长，新区管委会办公室、建设、经发、国土、规划、财政等部门和各新城（园办）有关单位主要负责同志为成员。工作领导小组办公室设在新区建设环保局。新区管委会各有关部门要加强与各新城（园办）对口部门联动互通，定期磋商，及时协调解决有关问题，保障优美小镇建设。

（二）推进责任落实

各新城（园办）是优美小镇建设的责任主体，安排好年度目标任务和工作计划，细化阶段目标和任务分工，明确时间节点和责任人，确保各项工作落到实处。2015 年对 5 个新城启动建设的每个新城 2 个优美小镇在规划编制及执行、市政及公共服务设施建设、住房建设、旧城区改造提升、人口集聚、建成区规模、组织机构建设、信息建设和社会评价等方面进行综合考核，列入 2015 年新区全年目标责任考核范围。

（三）加强动态监测

各新城（园办）按季度向新区管委会报送优美小镇建设工作进展和形象进度情况，对过程中出现的问题，及时沟通，协调解决，确保优美小镇建设任务如期完成。

第八章

以产业创新和主体创新为核心的双创驱动新型城镇化实践

产业创新和主体创新是双创驱动城镇化的实现路径，西咸新区作出了大量有价值的尝试。不管是大量高新科技企业的落户新区，还是本地企业的焕发青春；不管是大型企业的科技创新，还是农民的小微企业的业态创新，西咸新区整体部署、扎实进展，有很多思路和做法值得借鉴。

第一节 西咸新区双创工作概述

西咸新区经过4年创新发展，城市骨架已基本拉开，新兴产业集聚发展，组团式发展的现代田园城市格局已初步形成。在新时期新常态下，国家提出“大众创业、万众创新”的发展理念，使西咸新区面临难得的历史机遇，要以更新的发展理念构建新区创新驱动发展新体系、新机制，增强国家级新区的内生动力。西咸新区不仅主动作为、积极投身于“大众创业、万众创新”的热潮中，同时还承担着引领全省大众创业创新的重任，要加快推进创业创新示范园区的建设，为大众创业创新提供全新的服务平台，进一步激发创业创新活力，真正以创新驱动新区发展，推进创新创业产业的各个要素向西咸新区汇聚。西咸新区给“创客”搭好舞台，留好空间，点燃“大众创业、万众创新”的星星之火，每一个头脑都转动起来，每一个创新细胞都活跃起来，西咸新区经济社会焕发出勃勃生机。

一、双创工作指导思想

面对“大众创业、万众创新”的新形势，西咸新区主动适应经济发展新常态，加快实施创新驱动发展战略，以西咸新区“五城多平台”作为创业“主战场”，为企业提供创业载体、研发平台和人才资源等创业服务，积极采取创新创业机制，努力从资金链、创业创新链、产业链和就业链等多个维度，完善构建了多项支持创业创新的普惠性政策和扶持体系，着力做好政务服务，推进简政放权等方式破除体制机制障碍，减低创新创业成本，维护市场公平秩序，破除阻碍创新发展的“堵点”、影响干事创业的“痛点”和市场监管的“盲点”，做到创新创业需要什么服务，新区就提供什么服务。

当前西咸新区正处于发展的关键阶段，以现代田园城市为载体，全面探索创新城市发展方式，同步推进“一带一路”建设，以文化促发展，加快国家海绵城市建设试点，四大战略机遇叠加，创新创业大有可为。同时，激发大众创新创业热情，搭建产业创新平台，大力发展众创空间，搞好创新创业服务的部署和要求。

一是加快简政放权，拓宽创新创业途径。围绕“三证合一”工商登记制度改革，协同推进简政放权、放管结合、优化服务，以项目化管理的方式抓好推进“大众创业、万众创新”各项举措。放宽名称登记条件，推广企业注册登记全程电子化。简化住所登记手续，对众创空间等新型孵化机构试行住所集群注册制度，积极服务商务秘书企业发展。放宽经营范围登记，严格落实先照后证改革，支持发展第三产业，推动“互联网+”和电子商务发展步入“快车道”。

二是支持建设众创服务平台，降低创新创业门槛。将依托政务服务平台打造有形孵化载体，积极对接第三方机构和社会组织，整合金融、法律和知识产权等各类专业服务资源，以创业共性需求为核心，为初创型企业、大学生创业、复转军人和返乡农民工等提供政策咨询、知识产权、证照办理、人力资源、法律服务和科技金融、投融资对接等综合服务，打造便利、高效的一站式创业服务集成平台。

三是创新孵化机制体制，让创客生根发展。为吸引更多的创客集聚西咸新区，壮大创新创业群体，新区将搭建大众创业创新服务平台，积极构建开放创业空间，构建大众创业创新培训体系、投融资体系以及科技成果转孵化体系等，整合优质资源，集成落实政策，创新优化服务模式，培育园区特色创新文化，为大众创业创新提供广阔的舞台，为西咸新区创新发展注入新活力。

二、双创工作主要措施

西咸新区的“双创”工作坚持科技创新驱动发展，创新城市发展方式，积极推动“双创”各项工作的快速推进。新区以创业创新服务平台搭建、创业培训体系建设、创业投资基金设立以及创新成果转孵化基地建设为重要抓手，有效整合资源，集成落实政策，优化服务模式，培育特色创新文化，目的在于为广大创业、创新者提供广阔的舞台，为西咸新区经济社会持续健康发展不断注入新的活力。

一是全力营造创业创新的氛围。新区依托中国西部科技创新港、西安工大航空科技城、乐创空间等核心项目，将建设集软件研发、孵化加速、IDC数据中心、呼叫中心、IT高端装配制造及酒店、公寓等生活配套服务功能于一体的创业创新示范园区，着力打造5分钟创业生态圈和24小时、360度全天候的都市核心创业社区，营造青春社区、不夜氛围，竭力成为“大众创业、万众创新”的创客天堂。此外，新区在沣西新城成功举办了陕西省青年创新创业大赛、微软“创新杯”等大型赛事，大赛涵盖了全省65所高校，参与人数近10万人。同时，新区的园区也被省人社厅评为“省级创业孵化示范基地”，成为省内首家以互联网为主题的省级创业示范基地，可以说引领了全省青年创新创业的热潮。

二是创新商业模式，加大资源统筹整合力度。一方面，新区将联合相关领域的院士和知名企业及陕西信息化工程研究院等机构，成立大数据研究院及丝绸之路互联网金融研究院，以技术领先驱动产业创新；另一方面，新区将设立西安交通大学科技孵化创业基金等，引进一批国际资本和战略投资者，构建多元化资金支撑体系，形成“资本、科研、产业”的良性互动，为科技创业企业和科技成果产业化发展所面临的人才、资金和资源等问题提供全方位的解决方案。

三是加强创业培训体系建设。新区将积极拓展创业培训领域，推进与微软 IT 学院、淘宝大学、中兴学院和百度营销大学等国内知名企业大学的合作，力争建成多平台、全覆盖、长链条的人才培养体系；新区还将开展青年就业创业培训进校园、进社区活动，将素质拓展和就业创业知识相结合，到各大中专院校和社区为青年学生举办大型讲座，重点指导他们做好创业规划，引导这些热情高涨的大学生创业者理性创业，少走弯路。

四是加快创新成果转孵化基地建设。西咸新区将以中国西部科技创新港、西安工大航空科技城项目为重要抓手，打造服务于全省科技创新企业的成果转化基地，激活上下游产业链条，实现科技创新成果向生产力的快速转化，推动区域经济的发展。其中，西安交通大学科技创新港项目将集中建设高端人才培养基地、科技创新成果孵化园区、国家级与省级重点实验室以及研究中心等板块，主要开展产业链及产业集群培育工作，重点扶持科技力量强劲、市场潜力巨大的优质高新技术企业。预计项目将汇聚高端创业人才 2 万余人，可转化科研成果 500 余项，预计将吸引集聚近 500 家高新技术企业。

三、双创工作的初步成效

随着双创工作的推进，涌现出一批特色鲜明、发展前景好的众创空间，呈现出西咸新区各新城两级联动竞相发展众创空间推进创新创业的生动局面，创业创新环境更加优化，氛围更加浓厚，创新创业者的热情尤其是大学生的热情被点燃。

空港新城启动了“产业苗圃＋孵化器＋加速器”模式、以“民航科技产业园”为载体，聚合初创期民航科技企业，形成以民航科技和飞机维修等产业为主的企业聚集。

沣东新城以“科技创新＋创业投资”模式、举行“中俄丝路创新创业计划暨 USpace 项目”启动仪式，在中俄丝路创新园项目的架构下实施“USpace 远程孵化器”项目。同时，沣东新城还将与俄罗斯斯科尔科沃联动组织举行“中俄丝绸之路青年创新创业大赛”，通过中方“USpace”＋俄方“Startup”平台促进两国青年交流、互动，激发更多火花与碰撞，丰富中俄丝路创新园交流内容和项目，为双方优势互补、园区共同发展提供重要支撑。

秦汉新城主要发展“复转军人＋创业孵化”模式，成立了“陕西省西咸新区复转军人创业孵化示范基地”，建立健全产业孵化体系，完善产业孵化功能，从而充分发挥复转军人的自身优势，积极支持、扶助复转军人创业立业。

沣西新城采取“互联网＋创业孵化”模式，成功举办了微软“创新杯”陕西大赛暨陕西省青年学生创新创业大赛，泾河新城发展“优美小镇＋创业孵化”模式，加快推进农民及返乡农民工的创业创新。

西部云谷创业创新示范园区建设进展顺利，主要从以下四个方面强力推进：全力营造创业创新的氛围；创新商业模式，加大资源统筹整合力度；加强创业培训体系建设，新区将积极拓展大众创业培训领域，推进与微软 IT 学院、淘宝大学、中兴学院和百度营销大学等国内知名企业大学的合作；加快创新成果转孵化基地建设。

第二节
双创的产业创新实践

科技创新是双创的灵魂，也是新型城镇化的动力来源。西咸新区在产业创新方面进行了大量工作，取得了一定成果。

一、产业创新路径

西咸新区在产业创新时有想法，有落实。主要体现在以下几个方面：

（一）高校领衔：奠定科技创新基石

作为中国科研重地，西安交通大学在新能源、新材料、装备制造、信息技术、大数据、生态环保和生物医药等领域处在国际领先水平，西咸新区与西安交通大学共建中国西部科技港，将高校人才优势、科研优势与陕西的产业优势形成互动。西安交通大学把国家级专家团队、国家级省部级重点实验室和研究中心、在读的硕士、博士研究生、博士后等最优质科研力量投放到中国西部科技创新港，同时也会将交大幼儿园、附小、附中和附属医院等优质资源向这里辐射，在这里形成一个创新驱动的平台和科研教学的高地，同时也是一个优美的智慧学镇。

第四军医大学帮助西咸新区的医疗产业从高点起步。2014 年 7 月，第四军医大学新校区在西咸新区秦汉新城破土动工。第四军医大学整体部署调整至西咸新区，该项目将建成具有国际标准、拥有 3500 张床位的三甲医院以及康复疗养中心，西北地区规模最大的医药航母及科研中心，成为在国际具有重要影响的医学研示范基地。第四军医大学国家分子医学转化科学中心项目、国家组织工程种子细胞库西北基地再生医学项目也落户秦汉新城。以第四军医大学医教研综合园区等项目为龙头，催生发酵效应，秦汉新城将建立覆盖所有群体、面向各个层次的健康产业发展体系，实现健康医疗事业的产业化、专业化、国际化。

同时，新区与西北工业大学在筹划共同打造西工大科技产业园。依托西安交通大学科技创新港和西工大科技产业园等项目，西咸新区将形成未来科学城。

（二）企业落地：驱动产业转型升级

在西咸新区信息产业园，集聚了三大通信运营商和微软、太极等一批优质项目，吸引了中国软件、颠峰软件和未来国际等30多家上下游配套企业。同时，依托三大通信运营商IDC数据中心以及全国人口数据（西安）中心等9个国家部委灾备中心项目，同步引进跨国公司和中省两级政务的数据中心，积极争取保税数据试点，形成国家级大数据产业发展的网络传输平台和基础信息资源集聚区。

2014年12月，由中国惠普有限公司和秦汉新城共同投资打造的秦汉新丝路数字文化创意（产业）基地在秦汉新城正式启动，通过3～5年的建设，预计聚集文化创意、传媒影视和数字创作企业300家，为秦汉新城的文化产业构建完整生态系统和全产业链。沉睡2000年之后，秦皇汉武将以最先进的数字化形式，再次走入人们的文化生活。以此为代表，秦汉新城深埋于遗址之下的历史文化资源将与时代接轨，变成一座文化富矿。

在与世界级企业对接的过程中，软件巨头微软和西咸新区的合作已经渐入佳境。在2013年12月西咸新区与微软公司签署战略合作备忘录之后，微软IT学院与微软软件服务外包人才培训基地迅速启动运营。

除了文化、信息产业这类现代服务业之外，新能源新材料装备制造业也在西咸新区异军突起，并直接纳入国家战略。2014年10月13日，中俄丝绸之路创新合作园项目正式落户沣东新城。作为国家丝绸之路经济带战略中第一个落地的重大国际合作项目，将由国家发改委牵头推进。合作园采取“一园两地”的建设模式，将充分发挥陕西省的科教资源优势，与俄罗斯和丝路沿线国家相关高校和研发机构建立广泛合作，特别是引进俄罗斯的精密仪器和发动机等装备制造领域研发成果进行技术合作和成果转化，打造成为中俄跨境经济技术合作实验区。

在泾河新城，中国锂产业园（中国锂谷）与清华大学已于2013年联合设立电池材料研究院，组建的石墨烯—碳纳米管杂化材料工程中心和锂硫电池工程中心已正式落地，项目建成后可实现年产4万吨高纯度碳酸锂，年产值可达40亿元，成为国际锂产业的核心生产区域和科研高地以及国际最先进的新材料研究中心。

作为空港新城临空科技产业集群的龙头项目，西部地区最大的“飞机医院”东航西安维修基地新机库项目已经正式投入使用，可承担A320系列窄体飞机大修和A300至A330系列宽体飞机航线维护。目前在满足东航当前200余架空客飞机维修需求的同时，还可吸引全国450多架空客飞机到西安定检大修，力争成为亚太地区最大的空客飞机维修基地之一。

新区把科技创新与区域的产业转型升级紧密结合在一起，坚持“政府引导与企业主体相结合、引进创新与消化吸收再创新相结合、科技创新与体制创新相结合”的原则，重点发展新一代信息技术、现代文化科技旅游、新能源新材料装备制造、健康医疗、现代农业科技与临空科技六大科技产业，全力推动西咸新区率先形成创新驱动发展的新格局。

（三）平台聚力：搭建创新创业服务体系

针对不断壮大的以互联网经济为代表的新兴产业业态中小企业群，2014年8月，沣东新城统筹科技资源改革示范基地商务秘书服务平台正式运行，为初期创业者节省了大量成本，短短20天时间就吸引了100家企业前来注册。

为了服务目前西咸新区信息产业园众多的高新技术企业，2014年11月西咸新区信息产业园产业服务中心启动运营，包括长安银行和国泰君安等21家服务机构集中签约入驻，为信息技术企业提供特色服务支撑。

依托各具特色的服务平台，西咸新区通过向创业企业提供一站式IT创新服务、注册地址挂靠、代理企业登记、资金申报和专利申请等综合服务，进一步完善科技创新企业服务体系建设。

与此同时，陕西微软创新中心，空港新城民航科技企业孵化器及加速器、沣东新城协同创新港省级孵化器等创新创业孵化器也已启动运行，通过互联网思维和O2O模式运用，为创业企业提供垂直化产业服务。

综上所述，科技创新是国务院赋予西咸新区的重要战略任务，既是推动产业发展的强大动力，也是经济转型的内在要求，经过最近一两年的密集推动，西咸新区在科技创新推动产业发展方面已经初见成果，新区力争用5～10年的时间，建立适应西咸新区经济发展需求的开放型区域自主创新体系，将西咸新区建成西部创新驱动发展的新引擎。

二、产业创新成果

西咸新区在产业创新上取得了较大成果，主要体现在培育了六大重点科技项目和一系列重点项目。

（一）六大重点科技创新产业

（1）新一代信息技术产业，形成包括中国西部科技创新港——智慧学镇项目，以“大数据”为核心的国家高新技术开发区，沣东新城统筹科技资源改革示范基地项目、泾河新城地理信息产业园项目和沣西新城西部云谷等重点项目。

（2）现代文化科技旅游产业，形成如秦汉新城新丝路·数字文化创意（产业）基地项目、泾河新城科技文化产业园等重点项目。

（3）新能源新材料装备制造产业，形成如中俄丝绸之路创新合作园项目、泾河新城新能源新材料装备制造产业园项目、空港新城半导体（LED）科技产业基地等重点项目。

（4）健康医疗产业，形成如第四军医大学医教研综合园区项目、国家分子医学转化科学中心等重点项目。

（5）现代农业科技产业，如泾河新城农业科技园项目。

（6）临空科技产业，如空港新城保税物流科技园区项目、空港新城西部飞机维修科技创新产业基地项目等。

（二）四个重点项目园区

西咸新区已经启动了一批重点产业创新项目：

1. 信息产业园

西咸新区信息产业园，位于陕西省西咸新区沣西新城，规划面积30平方公里，分为信息服务产业区、信息研发区、信息技术产业区、信息总部区、高端IT企业集聚区和生活配套服务区六大功能板块。信息产业园以信息服务和信息技术产业为主导，以云计算、物联网、电子政务和电子商务等为着力点，以大数据的存储、分析和应用为突破口，聚焦信息产业，聚焦龙头企业，建成陕西实现“三强一富一美”目标的重要增长极和国际知名、国内领先的国家级信息产业基地和大数据处理中心、国家政务资源后台备份处理中心。到2020年建成国家级信息产业基地和大数据处理中心，实现技工贸总收入2000亿元、集聚各类人才25万人，成为国内智慧城市的新标杆。

西咸新区信息产业园的建设，分成以下三个步骤进行：

第一步，以“大数据园”和“四大运营商”项目为核心，建设云计算中心、数据中心、呼叫中心、灾备中心和通信运营中心，在业内举起大数据处理与信息服务产业的旗帜，建设一批公共技术服务平台，吸引一批国家级研发机构，推动和支持国家大型科研单位、重点高校在园区设立科研机构和成果转化中心，聚集一批高新科技人才，引进一批品牌运营商、知名IT企业，力争使西咸新区信息产业园技工贸总收入超过500亿元，初步建成“陕西信息服务产业基地”。

第二步，以信息技术研发、信息设备制造和软件产业为重点，成立园区产业发展基金，支持园区企业、科研单位建设国家重点（工程）实验室、工程（技术）研究中心以及企业技术中心，集聚一批国内外龙头企业的研发总部、技术中心和高端制造部分，到2018年，培育出一批具有较高知名度和竞争力的本土龙头企业和信息产业领军人才，力争园区技工贸总收入超过1000亿元。建成“陕西信息研发生产基地”，推动园区进入国家级信息产业基地行列，实现产业和城市的优化升级。

第三步，以延伸产业链、提升价值链为目标，依托已有产业基础，吸引全球知名IT公司区域总部入驻，到2020年年底，培育产值百亿企业5

～10家，产值超十亿元企业超过150家，使总入园企业达到1200家，实现技工贸总收入超过2000亿元、聚集各类人才25万人以上，使西咸新区成为国内新的智慧城市标杆，努力打造国际知名的信息产业园区。

沣西新城始终以项目为核心，以产业为支撑，积极采取投资合作和园区招商两种模式，着力吸引国内龙头通信运营企业，投资建设陕西信息服务产业基地、云计算和物联网产业基地，促进园区多元化发展，将西咸新区信息产业园建设成为一个产业龙头聚集、引导行业发展的国家级信息产业基地。

2. **西部云谷**

西部云谷位于西咸新区沣西新城信息产业园内，是西咸新区信息产业园的首发自建项目。园区占地125亩，建筑面积约16.3万平方米，总投资约7亿元人民币，现已被列入陕西省“保增长”重点支持项目。西部云谷是科技产业园区、孵化加速基地和青年创新创业社区。它集科技企业孵化加速、办公研发、IDC数据中心、呼叫中心、IT工业生产及酒店公寓等生活配套服务功能于一体化，搭建了政策支持、融资服务、技术交易和人力资源等6大服务平台，着力打造“5分钟产业生态圈”和“都市核心产业社区”，是西咸新区沣西新城践行“产学研居投”，实现产城一体、产城融合发展的重要载体。

2014年，园区被《中国电子报》评为中国“最具创新活力信息科技园区”。西部云谷创新创业发展中心是沣西新城培育孵化产业，扶植中小微企业、青年创新创业，打造国家级孵化器的核心载体和重要抓手，是西部云谷的核心业态，被陕西省团省委评为“陕西省青年创新创业示范基地”。中心设有众创空间、餐饮超市、创业咖啡、创业公寓和健身中心等配套，已经与创新工场、亿达创投以及海航创业孵化器等国内多家专业创业服务机构展开务实合作，可以提供科技金融、导师咨询和创业培训、创业投资、人才招募、法律咨询、知识产权等各种服务。

目前，西部云谷已汇集了包括微软、中软、艾默生、颠峰软件、紫光软件、振峰电子、联博电子、中通服、欧美同学会和长安银行在内的世界

500强和国内著名企业，同时还吸引了48家初创企业来园区创业发展，形成了浓厚热烈的创业氛围。西部云谷正在汇聚信息产业新优势，打造科技园区升级版。这里拥有激扬的青春、不夜的氛围、阳光的面庞、创业的舞台和企业家的摇篮，是青年人创新创业发展的天堂。

西部云谷坚持以满足创业企业需求为导向，不断完善园区内各项产业及生活配套，在硬件方面建立了以打造国家级孵化器为目标的创新创业孵化中心，让创新创业企业足不出园就能享受到高品质研发办公场地。同时下大力气完善园区基础设施配套，让入驻的创业者吃得舒心、行得方便、住得便宜、办公舒适、社交温馨，云存储云计算等基础技术平台完备，为企业自由生长提供肥沃土壤。

为了解决初创团队资金短缺、技术障碍和人力缺乏等共性问题，西部云谷为新创业发展中心的创业团队提供为期一年的全方位创业支持。

第一，为创业团队提供资金助力。种子基金投资人、天使投资人、金融机构投资人和优秀民营资本等将为入驻创业团队提供充足的资金支持，助力企业成长壮大。

第二，创业导师指点迷津。新区特聘创新工场副总裁王世忠先生作为西部云谷创新创业发展中心的创业导师，为创业团队创业初期遇到的各种难题提供解决之道；同时，新区聘请优秀的民营企业家及行业专家为创业者提供一对一、定制化服务，分享经验、降低风险，为创业者保驾护航。

第三，科技及管理人才招募。新区联合专业人才服务机构，结合初创团队人才招募的实际困难，为入驻中心的创业团队提供人才招聘、鉴定、培训、交流、就业指导及职业规划等全方位人才服务。

第四，优惠创业政策叠加。为鼓励竞争、优中选优，新区将对经过遴选后脱颖而出的创业团队提供大学生创业政策及留学生创业政策，并在入驻云谷办公楼方面提供优惠。

第五，强大的信息技术支持。沣西新城与微软合作五大项目，即陕西微软创新中心、微软IT学院、微软软件服务外包人才培训基地、大数据平台和智慧城市，入驻的创业团队将有机会共享微软最新软件及技术支持。

第六，精彩纷呈的专业培训。西部云谷创新创业发展中心汇集了多家专业培训机构，包括西咸微软 IT 学院、西咸微软软件服务外包人才培训基地、淘宝大学陕西分校沣西培训中心、深蓝软件实践开发培训中心以及西北工业大学、西安电子科技大学、西北大学等 12 所高校的创新创业孵化培训基地。为创业者提供产品设计与展示、互联网技术、企业管理、科技成果转化等多层次、宽领域的专业培训。

第七，强大的产业配套服务。中心秉承“信息产业一切皆服务”的理念，与 21 家中介服务机构联手向入驻企业提供包括银行证券、管理会计、投资担保、人力资源、法律咨询和知识产权在内的一站式高品质服务，助力企业成长。

第八，高端圈层交流平台。在云谷创业咖啡，创业团队将有机会与来自世界各地的行业领军人物、创业导师以及优秀企业家进行思想碰撞与交流。

第九，国际交流平台。为使入园企业及产品保持持久的国际竞争力，新区也联合了来自欧盟、北美及日韩的众多政府及商协会组织，为入驻企业提供海外市场信息及分析、海外潜在合作伙伴，促成双方合作，并帮助企业申请海外市场开拓资金，赴境外参加专业展览及会议。

3. 微软创新中心

作为陕西省政府与微软合作的重点项目，陕西微软创新中心（以下简称陕西 MIC）落地西咸新区沣西新城，在成立短短一年时间内已打造成省级互联网创业孵化示范基地。凭借领先的微软技术平台，陕西 MIC 以本地高端 IT 人才培养、产业培育、创新性解决方案和应用孵化为手段，搭建起集产业孵化、人才和市场培育于一体的创新体系，提升创新驱动能力，促进当地的产业转型和经济可持续发展，使沣西新城成为陕西创新创业的新高地和示范区。

陕西 MIC 是由微软总部直接授权的全球品牌，是微软在中国第一家以产业培育、企业孵化和技术咨询等为核心的创新中心，也是微软在中国一次性投放资源最多、规模最大、业务最广的创新中心，被微软誉为全球的一项“灯塔项目”。陕西微软创新中心依托微软，联合政府，借助陕西丰富的科教资源，提出“选、育、造”孵化模式，搭建省级创新创业平台，全力推动“双创”。主要做法如下：

(1) 提出“选、育、造”创业孵化模式。

依托微软技术和品牌优势，结合沣西新城信息产业生态，利用省内智力资源平台，深度剖析初创团队或企业不同成长阶段的需求，搭建“选、育、造”特色创业孵化体系，从人、财、物等多个方面推动初创团队向公司转变，初创公司向中小企业发展。

选种：陕西 MIC 搭建了多种形式的“选种”平台，发现并筛选出一批优秀项目，通过项目路演和专家评估等方式对入围项目进行全面评估，遴选出有市场竞争力和发展潜力的项目。同时。陕西 MIC 建立优秀项目库，将优秀项目纳入，进一步提升项目团队的创新创业能力。

育苗：为了给优秀项目提供充分成长环境和支持，陕西 MIC 对接微软，引入微软虚拟学院（MVA）、微软开发者训练营和技术沙龙等，让入孵项目或企业获得微软专业技术支持和创业专家服务。同时，定期组织财务、企业管理和运营等方面现场培训和答疑，提升创业者综合素质，加速企业创业能力的构建。

同时，陕西 MIC 充分发挥微软体系资源，用好用活陕西省有关创业政策，借助沣西平台，针对项目的资金需求量，集约发挥政策补贴、创业贷款、风投机构、基金帮扶作用，分类对接资金解决初创企业缺钱的问题。针对没市场的问题，陕西 MIC 开放微软 Bizspark 计划（新创企业扶植计划），免费提供价值百万元的技术工具支持、微软 Azure 云平台及微软 APP 应用市场等市场平台资源，利用微软强大的品牌影响力和合作伙伴资源，让孵化企业进入微软的供应体系链和服务链。

造林：陕西 MIC 利用自身的微软平台优势，将已经成长的企业组织建立联盟，引入微软全球 MIC 体系，享受微软为资源支持。同时，将具有一定的规模和实力的企业推进沣西产业园区，进入沣西新城的信息产业生态体系，形成产业集群优势，享受沣西的产业政策，实现由“单打独斗”到“集团化作战”的转变。

（2）搭建省级创新创业平台——省级创业孵化示范基地。

2015年4月3日，在全省创业孵化工作现场会上，陕西微软创新中心获得陕西省人社厅发放的100万元创业孵化基地支持资金，这是陕西省首次发放创业孵化基地支持资金。陕西MIC是本次获得资金支持4家省级创业孵化示范基地中唯一以互联网为孵化主题的创业孵化基地。

陕西MIC利用微软技术品牌优势，依托按照“选、育、造”孵化模式建立的以软件、互联网和移动互联网等信息技术类创业实体为主体的创业孵化基地，被陕西省人社厅评为省级创业孵化示范基地，成为省内首家以互联网为主题的省级示范基地。

陕西省人社厅将基地纳入省首批重点建设的4家孵化基地，并给予了100万元的资金支持，赋予了省级优惠政策优先享受和试行权，成为省级创业政策集成落实的一个窗口。凡是入孵基地的企业均可优先享受省级优惠政策，如税收、创业贷款等；同时，基地的创业孵化模式被人社厅作为典型，在省内予以广泛推广宣传，先后组织高校和创业团体等进行考察学习。到目前为止，基地已引进孵化企业30余家。

（3）举办微软“创新杯”陕西大赛暨陕西青年学生创新创业大赛。

2014年10月，陕西MIC联合省高教工委、人社厅、中小企业局、团省委和西咸新区5个部门，共同举办“2015微软‘创新杯’陕西大赛暨陕西省青年学生创新创业大赛”。陕西MIC深入校园宣传动员，深入40余所大中院校进行60余场宣讲，共吸引近万名高校大学生报名参赛，提交作品共1427件，共435支队伍晋级4月底举行的全国复赛，占中国赛区的33％。活动全程注重对学生创新思维的启发和培养，并开展多场创新创业咨询培训，对参赛学生提供全方位帮扶，此次参赛作品均获得奖项，展示出陕西MIC优秀的孵化培养能力和陕西青年学生优秀的创新能力。陕西MIC还将建立优秀项目库，将优秀项目纳入，并开展相关培训等，进一步提升学生团队的创新创业能力，同时将有创业意愿的学生引入陕西MIC创业孵化基地，组织项目对接会等，为其提供好项目市场化发展服务。

此外，大赛依托西咸新区沣西新城集聚信息产业优势，将创新创业热潮与信息产业转型升级需求相结合，打通科研科技向市场转化通道，加快构筑陕西省创新创业体系。陕西 MIC 将对优秀项目进行技术支持、风投引进与创业咨询等全方位帮扶，通过搭建创新创业平台，孵化一批青年学生就地创业，为陕西省大学生创业树立旗帜。

（4）市场导向，资本搭台，为创业梦插上腾飞的翅膀。

陕西 MIC 充分挖掘省内资本优势和自身资源，联合投资机构，按照“市场＋资本＋项目”的思路，组织优秀项目对接会。获得投资的项目，将落户陕西 MIC 省级创业孵化示范基地，成为陕西 MIC 重点孵化对象，加入沣西新城的信息产业体系，并享受相应的优惠政策。对于成长性特别好的项目，陕西 MIC 将推荐进入微软创投加速器，享受微软技术和资本等全体系的孵化帮扶。另外，陕西 MIC 还将联合微软为这些项目联系更国际化的风投平台，如红杉资本等，让项目做强做大。

2015 年 7 月 11 日，陕西 MIC 在西安交通大学举行了项目对接会，为 2015 年微软“创新杯”陕西大赛优秀项目搭建资本对接平台。来自西安交通大学、西安电子科技大学、长安大学和西安理工大学共 10 个团队，通过项目路演、答疑和投资交流三个环节展示，最后，宝莲灯和泥塑项目等 9 支参赛代表队脱颖而出，获得投资意向。不仅如此，宝莲灯、薪鹏科技 2 个项目颇受青睐，多家投资企业表示出明确的投资意向。

（5）高校联合实验室——搭建产学研转化平台。

高校联合实验室是陕西 MIC 依托微软、省级创业孵化示范基地，实施以省内“985”“211”高校为主的企业高校联合创新平台，也是陕西 MIC 孵化资源突破物理空间限制，搭建“云”孵化平台的有力探索。实验室旨在充分发挥省内高校的科研、智力、人才和技术优势，加速科研成果同市场对接，创新成果同产业对接，创新项目同生产力对接，助力陕西省高校能力建设和人才培养，创新型省份建设。

陕西 MIC 通过向联合实验室投放 Azure 云虚拟资源与开发工具，开放中间程序与测试平台，分享开发项目，帮助高校第一时间接触使用微软最新的技术，掌握市场的最新需求，助力高校科研创新与市场发展相结合。同时通过联合实验室平台，让学生不出校门即可享受到微软孵化服务，接受微软创新创业氛围熏陶，培育校园的创新创业氛围。另外，陕西 MIC 通过与高校优势技术资源的对接，进行商业应用领域的研究，打通科研成果向“GDP”转化的通道，提高高校对当地经济建设、产业发展的贡献力。

目前，陕西 MIC 已与西安交通大学、西北工业大学、西安电子科技大学和西北大学等 8 所高校建立实验室并正式运营，未来三年，还将与省内高校建立 20 所联合实验室。

4. **大数据公司**

大数据信息技术服务有限公司是由西咸新区管委会支持成立的陕西省内第一家致力于打造大数据产业生态体系的信息化综合服务提供商。公司以大数据、云计算商业化服务、科技企业孵化加速、政府智库咨询及智慧城市建设等为主营业务方向，助力陕西省传统产业转型升级，推动西部地区信息产业生态体系搭建，服务于丝绸之路经济带建设。

（1）服务转型发展。

大数据公司目前已搭建大数据平台、三秦企业云和陕西工业云，为企业提供专业化、精致化、个性化的服务；同时运用“开放＋共享”的互联网思维，吸纳有新概念的创业者，汇聚优质项目，激发创业热潮，促进沣西新城成为智力聚集地、创业新高地。

大数据平台打破数据壁垒，面向公众开放，创新数据应用，挖掘数据价值，全面引入应用提供商，加速大数据全产业链建设。

三秦企业云为用户提供开放创新、成本低廉的“一站式应用服务”，现已上线近 40 项免费应用，解决企业 IT 投入资金与人员问题，开启中小企业云时代，助力中小企业健康快速发展。

陕西省工业云通过众筹众创的新型商业模式，汇集工业成熟应用，构建运营级工业云平台，推动“中国制造 2025”落地。

（2）搭建创新平台。

通过充分发挥陕西教育资源优势，借助微软先进技术，新区与微软携手举办“创新杯”全球学生大赛，这是实施创新孵化、加速科技转化的重要举措。大赛涵盖全省65所高校，参与学生近10万人。选拔一批优秀的IT人才和项目进行孵化，提供全程辅导、种子基金、创业导师和免费软件等全方位引导扶持。大赛不仅搭建了青年学生竞技创新、交流学习的良好平台，而且畅通了创新到创业升级渠道，成就了青年学生创业梦想，助力本土的马云、马化腾在此诞生。

（3）助推成果转化。

站在“互联网+”时代的风口浪尖上，新区通过高举大数据产业旗帜，构建产业生态系统，吸引、汇聚、扶持各类创新创业要素，从智慧食药到节能环保、从石油勘探云服务到供热大数据平台，创新成果不断绽放。

食药通是大数据公司与孵化企业力明科技共同研发的食药电子监管系统，大数据公司为其提供云存储、数据交易和业务推广等增值服务，帮助力明快速发展壮大。食药通以食药业务监管、日常管理和社会消费群体需求为导向，全面建立省、市、县、乡、村五级标准统一、功能齐全、上下协调、反应快速、监管有力的食药安全信息化管理云平台，实现远程、动态、实时监控，覆盖食品、药品、保健品、化妆品和医疗器械即“四品一械”的生产、流通和消费三大环节全过程，从根本上提高食品、药品安全监管水平和管控能力，并通过智慧食药云平台大数据的有效利用，实现对食品药品的“监管、追溯、协同、互动”全面管理。

三、产业创新规划

西咸新区将成为创业者的“天堂”，创业者实现梦想的地方，为此，西咸新区还将继续从以下几个方面进行突破：

首先，重点打造创新创业孵化中心。新区将针对创业企业的多元化需求，完善空港民航科技产业园、沣东统筹科技资源改革示范基地和秦汉新丝路数字文化创意产业基地和沣西西咸新区信息产业园等科技园区各项产业及生活配套，建立创业辅导体系，大力推进西部云谷和乐创空间等项目建设，不断强化自有创新创业平台的孵化能力，打造吸引创意和创业资本进入的核心载体；继续深化与中兴学院、淘宝大学以及百度营销大学等培训机构的合作，推广知名企业技术和管理经验，力争形成多个以知名社会化培训机构为核心的微型创新中心，提升区域整体创业孵化能力。

其次，要全力推进科技成果转化。新区要着力提升科技资源转化能力，以空港国家航空城实验区、沣东新城统筹科技资源改革示范基地、中俄丝路创新园、秦汉健康医疗产业基地、沣西西部科技创新港、西工大科学城和泾河地理信息产业园区等为关键突破口，重点理顺科技资源转孵化机制，建立起俄罗斯斯科尔科沃创新中心、第四军医大学、西安交大、西安工大下属院系所、西交大第二附属医院以及国家分子医学科学转化中心等国内外高院（校）科研所的常态化沟通对接机制，有效把握高院（校）科研所科研成果转化的现实需求，建立层级丰富的共赢合作机制，重点从科技资源共享、合作研究开发、科技金融支持以及综合服务平台建设等方面入手，通过建立资源共享网络、创办研发实验基地以及组建技术转移联盟等举措，为科研成果的市场应用提供不竭动力。此外，西咸新区还将充分发挥微软智慧城市和企业管理体系的外溢效应，加快微软软件服务、中小企业云平台和人才培训等技术服务的区域应用，为技术创新及其市场转换提供终端支持，促进各类技术与市场融合、创新与产业对接，使科技成果真正成为价值源泉。西咸新区将悉心为创客提供成长的空间，培育“生长的温度、湿度及环境”，让越来越多的创业梦想在西咸新区这片“现代田园城市”里开花结果。

最后，提供更多软服务。现阶段的“大众创业、万众创新”不同于20世纪80年代的个体经营浪潮。现在的创业者多元需求正体现了当下创新创业的新特点，那就是创业主体从“小众”到“大众”，越来越多的草根群体投身创业；创业活动从内部组织到开放集聚，创新创业不再是单枪匹马，而是互相协助；创业理念从技术供给到需求导向，满足个性化需求成为创新创业的出发点；创业服务从政府为主到市场发力，涌现出一批市场化的新型孵化机构。

创新创业者之所以更多地需要“软服务”，是因为互联网、大数据、开源软硬件以及3D打印等新技术的出现，让他们可以更加方便地将创意和想法形象化，并快速转化为现实产品，不再过多地依赖硬件基础设施。同时，伴随着科技创新和体制改革的推进，我国信息产业的创新能力和产业规模走在世界前列，互联网企业提供了电子商务、社交网络以及O2O等创新平台，从而带动以互联网应用为核心的创新创业应运而生并迅速崛起。

第三节
双创的主体创新实践

“大众创业、万众创新”的战略充分说明，人是双创的主体，只有把人的创业热情激发出来，才能开展创新创业，才能把想法转化为行动，把思路转化为产品，才能拉动经济促进消费。在激发双创主体的积极性方面，西咸新区做了大量工作。

一、人才流动指数的新理念

过去的开发区都是在开发土地，未来真正决定城市命运的将是人口的流入和人才的流入。“人才流动指数”成为决定城市未来的关键，它包括两个层面的数据：一个是总人口的净流出与净流入；另一个是人才的净流出与净流入。开发区的理念要从开发土地向开发人转变。西咸新区新型城镇化的探索就是紧紧围绕人来开展的：就业、生活以及公共需求的满足正在为这座新兴城市带来活力。

为此，西咸新区的工作重心从过去的园区建设，转向新的城市平台建设。城市平台建设最重要的东西不是硬件，而是人才的聚集和融资环境的便利，西咸新区努力实现打造“产、学、研、投”完整生态链的城市平台。做好软、硬两个环境，硬环境是基本的条件，要不断提高配套水平，打造适合人才、适合年轻人生活的社区环境、网络条件；软环境就是氛围，既有政策、制度、服务等环境，也有创业氛围、适合青年人生活的氛围。城市平台像一块磁铁一样，吸引人才进来。这个生态系统承载的不是一事一物，而是创新思维，生产的不是工业产品，而是优质企业。通过互联网思维，为创业企业提供垂直化产业服务，建设产、学、研、投一体的科技园区；联合金融机构及城市综合开发商，吸引天使投资、股权投资和社会资本，通过众筹方式，推动大学生创业、就业。

西咸新区花大力气引入三大通信运营商、引入微软创新中心项目，最大的意义不是创造了多少 GDP，而是创造了潜力无限的软环境，提供服务、软件以及微软的创业教育培训体系，进而利用微软品牌，促进风险投资人大量入驻。

二、助推创业的制度创新

西咸新区对接多家金融机构及城市综合开发商，吸引创业投资、股权投资和社会资本，通过众筹方式，选拔一定数量大学生、年轻创业者在新区特定区域内自主创新、自由创业。它试图将采用“核心基地＋全面示范”的众筹模式，在沣西新城建设“众筹新长安”核心示范基地，并在各新城广泛开展项目众筹、股权众筹及债务众筹等多种众筹模式的探索，满足不同性质众筹发起人的需求。

在众筹平台的打造上，西咸新区将与陕西省金融办、陕西股权交易中心共同组建线上众筹平台；与商业地产合作着力打造孵化中心、高层次商圈及高端生活配套社区等线下众筹平台，创造全民参与的环境。特别是针对大学生创业，组建全国大学生创新创业基地，吸引更多的大学生（企业）在众筹平台上研发、孵化、推广潜力项目，力争实现“1 人拥有 1 个创业工作室，1 人拥有 1 只创业基金”。

陕西省“三证合一”登记制度改革全面铺开，打破工商、质监和税务部门的层层行政壁垒，用信息化手段实现信息共享，简化一道道繁杂的办证流程，这就是“用政府权力的‘减法’，换取市场活力的‘乘法’”的生动注脚。据统计，“三证合一”制度下，经办人向工商、质监和税务等部门递交的资料由原来的 34 份减少到 12 份，填写事项由 167 项降低到 96 项，申请时间也由原来的 24 个工作日缩短至 4 个工作日。

打破行政壁垒、实现信息共享是“三证合一”制度实施的前提。为了创新服务方式，解决新旧制度衔接产生的实际问题，西咸新区积极推动行政审批制度改革，按照材料简化、程序简便的要求，重新梳理登记审批流程，统一工商、质监、国税和地税部门的申请表格。申请表格和涉及工商、质监、税务部门的申请材料无须加盖公章，由拟任法定代表人签字即可，申请人一次提交供各部门共用，材料由工商部门审查，其他部门不再重复审查，最终由受理窗口一次性将载有工商注册登记号、组织机构代码证和税务登记号的工商营业执照发放给申请人。部门间实现数据互换、档案共享、结果互认。

通过建立西咸新区企业信用信息共享机制，可以实现工商营业执照、组织机构代码证和税务登记证审批、登记、备案信息同步查询，各部门将各自的监管信息上传到陕西省企业信用信息公示系统，实现信息共享，进一步推进信用社会建设，最终实现一处违法，处处受限。

作为西咸新区简政放权、转换政府职能的一个重要措施，“三证合一”是在遵循现有法律制度的基础上，对行政审批删繁就简的一个探索，最终目标是要实现“一证一号”，对工商、质监、税务等商事服务机构进行合并，推行更为高效、便捷的管理制度，为西咸新区营造招商引资、大众创业的良好环境，激发社会资本投资西咸新区的积极性和主动性，促进西咸新区市场主体的发展。

三、丰富的创新创业交流活动

西咸新区通过组织多种多样的创新大赛等活动，将社会各阶层的创业活动有效组织起来。

（一）云谷创客训练营

沣西新城“云谷创客训练营”旨在为创业者提供项目分析、路演展示、团队构建和融资成本等多样化培训，将邀请乐搏资本联合创始人杨宁，创新工场UI设计团队、技术团队，以及入驻西部云谷的多家中介服务机构专家为创业者答疑解惑。

2015年7月8日，“云谷创客训练营”正式在西部云谷开班。国家企业知识产权标准认证高级审核员史玫老师以“谈如何发挥知识产权的保护与竞争作用”为题，结合创业者的技术优势和企业成长需求，从知识产权获取、保护和运用的角度介绍如何利用知识产权保护自身利益和增强企业的市场竞争力，重点介绍了知识产权获取、风险管理、产权保护、投融资以及创业团队人员之间如何均衡知识产权的利益，追求共赢的合作模式。

短短两个小时的培训，使在座的创业者感受颇深，并纷纷抛问求解。创业青年小李说，“云谷创客训练营”活动提供这样的免费培训让自己很受用，内容实在，形式新颖，此次知识产权培训让自己对此有了更深刻的理解，在后期创业过程中也能规避一些风险。同时表示，希望以后还能来参加，通过这样的学习培训以及与专家交流，解决他们在创业过程中遇到的问题和困惑。

创业青年们集中参观了西部云谷创新创业中心孵化区，对园区的硬件设施、配套服务、资源共享、扶持政策和入园程序等进一步了解。他们认为，西部云谷作为新一代科技园区，硬件配置高，资源整合能力强，生态环境优，支撑力度大，发展前景好，将成为他们选择创业起步的首选。

同时，“云谷创客训练营”也将为“沣西新城杯”第三届陕西省青年创新创业大赛开辟“绿色直通车”，提供培训的同时，给予赛期咨询辅导和技术支撑，对于优质项目，提供与国内顶级天使投资人见面交流的机会。

沣西新城通过搭建完整的培训体系，对创业团队特别是初创者在创新创业中遇到的问题给予大力支持和帮助，进一步提升陕西省创业团队的创业知识与技能，通过整合资源构建创业生态体系，为陕西省涌现出一大批科技水平高、运营能力强、成长速度快的创新型企业贡献更多力量。

（二）“挑战杯”首都大学生创客领袖训练营

2015年6月，“挑战杯”首都大学生创客领袖训练营活动在西咸新区沣西新城西部云谷举行，来自北京10余所高校的30多名优秀学生创客参加了此次活动，其中11名创客分别与陕西省西咸新区信息产业园和陕西微软创新中心签订了入驻意向书。

活动由共青团北京市委员会、陕西省西咸新区管委会主办，共青团北京联合大学委员会、西咸新区沣西新城管委会承办。参加训练营创客有历届首都“挑战杯”赛事获奖者，北京市级以上创业类比赛获奖者，首都挑战杯“创客达人秀”活动获奖者，以及已成功注册公司并孵化创业成果者。大学生们带来了自主跟随机器人、智慧导游系统和光伏等极具创意的创业项目，与西咸新区西部云谷的创新创业团队共同交流。三天时间里，大学生创客们参观沣西新城西部云谷、信息产业园、秦汉新城张裕城堡酒庄和陕西历史博物馆，并进行“互联网＋”时代的信息产业开发战略等主题学习。训练营采取“理论学习＋实践考察”的活动方式，使同学们在全方位了解西咸新区的建设发展模式的同时，又开拓了创新创业思路，增强创业实践本领。

创客领袖训练营是第八届“挑战杯”首都大学生课外学术科技作品竞赛的系列活动，该活动每年有重点地选择国内开发区和城市新区，开展青年创业实践及训练活动，为大学生提供一个学习创业经验、提升创业能力的平台。西咸新区作为国家级新区，拥有区位人才优势、良好的经济基础、深厚历史文化底蕴和自然生态环境，已发展成为广大青年创业发展的沃土。目前，沣西新城正在承办第三届陕西省青年创新创业大赛，此两项活动搭建起了北京、陕西两地高校青年的交流互动平台，扩大创业大赛传播影响力，将“青年活力社区”这一品牌向北京等地辐射推广，传播“创新城市发展方式、科技创新驱动产业发展”的新区理念，进一步培养大学生自主创业的观念和意识，吸引更多的青年学子关注创业、勇当创客。

（三）“沣西新城杯”第三届陕西省青年创新创业大赛

“沣西新城杯”第三届陕西省青年创新创业大赛是面向 18～40 岁青年群体的群众性创新创业大赛。赛事覆盖全省，赛程从 2015 年 4 月进行至 12 月，历时 8 个月，在高校、地市、商圈、创业园区举办海选 14 场，4000 余人参与，750 多个创业项目参加竞赛，其中 4 个项目已入围参选全国 APP 大赛。自启动大赛以来，按照“抢契机、搭平台、抓项目、扩宣传”的宗旨，在各相关单位的共同努力下，大赛取得了阶段性成果，产生了较大影响，有力地推广了沣西新城形象品牌。

“沣西新城杯”第三届陕西青年创新创业大赛的举办，迎合了当前“创新驱动”国家战略和“大众创业、万众创新”发展宗旨，也是沣西新城打响“信息产业新高地、创业孵化聚集地”品牌的绝佳平台。

第四节
双创促进新型城镇化的成果

一、优美小镇添活力，农村美了

西咸新区将产业创新与乡村改造结合起来，规划建设了一批优美小镇。这些优美小镇有政府主导的安置型宜居小区，也有产业智慧学镇，有城市工商资本进行企业化运作的风情小镇，也有传统农业村落改造而成的自然小镇。

在西咸新区建设现代田园城市的理念中，优美小镇是其中核心组成部分，将城市资本、现代经济制度引入农村，为农村发展搭建新平台，同时探索农村集体经济的股份制改造。通过政府规划引领、龙头企业带动、农民股份合作的方式，大力建设以农特产品、民俗文化和旅游休闲为特色的优美小镇，推进农民的就地城镇化。

在美化农村环境的基础上，西咸新区进一步探索农村社会治理机制，增强集体经济组织服务功能。在充分尊重群众意愿的基础上，茯茶镇通过对双赵村村集体资产进行清产核资和股份量化，以股份制形式成立村集体公司，发展集茯茶产销、餐饮休闲和观光娱乐于一体的集体经济组织，村民既是股东又是员工，带动村民发展的积极性。新型城镇化不再是简单地消灭农村、迁移农民，不是简单地发展工商业、建设高楼大厦，扩充城市规模。

如今，在双赵村先期完成了58户的提升改造工作。改造后的小镇家家都挂上了大红灯笼，生机盎然，每家门口无一例外都贴着代表着吉祥的剪纸和挂着各种招牌，门牌号也焕然一新，整齐统一，灰色砖瓦墙上金红色元素让关中风情更加浓厚，许多村里在外打工的人回来搞起了农家乐和旅游服务，大伙儿都盼望着早点创富增收。

二、两个资本同进城，农民乐了

城镇化是人口从乡到城的迁徙和聚集，解决好人的问题是推进新型城镇化的关键。西咸新区让农民带着劳动力和土地两个资本进城。

西咸新区率先建立城乡统一的户籍管理、就业服务、社会保障以及教育、医疗等制度，实行居民居住证制度，使“农民”成为一种职业而非身份的称谓。比如，在空港新城首批新市民已回迁空港花园小镇，为减少村民向市民转变过程中的顾虑，空港新城创新提出“五金”保障体系：闲置房屋收租金、商业面积赚股金、征地补偿有现金、就业上班挣薪金、晚年养老有保障金，全方位保障新城市民的未来生活。

安居之后是乐业。作为秦汉新城的重点都市农业项目，张裕瑞那城堡酒庄自2013年建成投产以来，不仅为周边的岩村、布里村和坡刘村等村村民提供了数百个岗位，而且吸引了许多大学生回到故乡工作，目前已经有300多人留在了酒庄工作。

无论是沣东农博园，还是泾河秦龙农业园区，抑或是秦汉张裕瑞那酒庄，都纷纷建立起当地村民用工数据库，通过固定聘用和临时聘用的方式，吸引越来越多的农民进入园区工作。据统计，目前西咸新区内的现代农业项目正在为越来越多的当地农民解决就业问题，成为农民带着土地和劳动力两个资本进城的重要阵地。

三、现代资本进田地，农业火了

引导城市工商业资本进入农村、农业，建立现代农业产业体系，促进一、二、三产业交叉融合，延伸农业产业链、价值链，大幅提高农业产品的附加值，是西咸新区打造都市农业的一大法宝。

自 2011 年泾河新城成立以来，以城乡统筹和农业园区化建设等为主题的农业体制机制改革不断深化。目前泾河新城已经形成了一个核心区、四个产业、三个功能区、两个加工带、多个农业园区和龙头企业五大类 60 余个项目，总投资 156.44 亿元的现代农业发展格局。

秦龙现代生态创意农业园在一片传统农田上建设集种植、研发、深加工、示范、物流配送、观光休闲、商务会议及居住于一体的综合性现代农业观光园区。目前采摘机器人已调试完毕，可载重 50 千克的农用飞机随时准备起飞作业。而沣东现代都市农业示范园（农博园）是目前距离西安城区最近的大型都市农业项目，集种植业、特色农业、精品农业、旅游农业、观光农业、农产品加工业及农业科技服务业于一体，受到广大市民的喜爱。

通过这些现代农业项目的示范效应，西咸新区的传统农业正在迅速进行现代化改造，作为现代田园城市的田园部分，铺陈在城市周边，成为城市产业的重要组成部分。

综合以上内容，西咸双创驱动城镇化模式就是以产业创新为核心、以主体创新为源泉、以载体创新为支撑、以制度创新为保障的完整系统。西咸新区在双创驱动城镇化的过程中，作出了艰苦的尝试，积累了丰富的经验，对全国各地新型城镇化工作提供了大量有价值的启示。（西咸新区部分创新创业政策见附录）

第三篇

全国双创驱动新型城镇化典型案例分析

全国双创驱动新型城镇化进展

各地产业创新和主体创新典型实践分析

各地载体创新典型实践分析

双创驱动城镇化，是中国城镇化邂逅工业技术 4.0 时代的战略选择。发达国家在 20 世纪完成城镇化过程中并没有这样的时代背景，我国政府抓住国际经济形势变化，及时提出了“大众创业、万众创新”的国家战略，并贯彻到新型城镇化的具体工作之中，给中华民族振兴带来了历史机遇。全国按照中央部署，各地展开了丰富的实践，这些实践从产业创新、主体创新、载体创新和制度创新等几个方面对双创与城镇化的促进作用进行了努力的尝试。本篇通过介绍这些尝试，希望对其他地区的新型城镇化工作有所借鉴。

第九章

全国双创驱动新型城镇化进展

城镇化是现代化的必由之路，是我国发展最大的潜力和动能所在。新型城镇化一端连着供给，一端连着需求，既是供需两侧发力的黄金结合点，也是一个巨大的民生工程。党中央、国务院对新型城镇化工作高度重视，2013 年专门召开了中央城镇化工作会议，2014 年中共中央、国务院颁布了《国家新型城镇化规划》，2015 年，中央专门召开了城市工作会议。2016 年 2 月，国务院又印发了《关于深入推进新型城镇化建设的若干意见》，并专门召开了深入推进新型城镇化电视电话会议。习近平总书记、李克强总理在会议召开前，对深入推进新型城镇化建设作出了重要批示，指出创新思路是城镇化工作的核心。会议对近年城镇化工作作了全面回顾，对下一步推进新型城镇化工作作了总体部署。

一、初步成果

近几年，全国各地区、各部门做了大量的工作，按照党中央、国务院部署和新型城镇化规划的要求，积极主动扎实推进相关工作的落实，新型城镇化总体进展情况良好，突出表现在四个方面：

第一，农民工融入城镇的政策在不断完善。国务院已经相继出台了户籍制度改革意见、对于居住证暂行条例以及调整城市规模划分标准等政策意见。各地区正在积极推进户籍制度改革和居住证制度的双落地，目前已经有 27 个省区市和新疆生产建设兵团出台了户改实施意见，对于居住证制度各地也在抓紧制定具体实施办法。

现在已经基本实现了城乡的养老保险和医疗保险的并轨，义务教育已经实现了“两免一补”和生均公用经费定额资金可携带，国家财政性经费保障义务教育阶段随迁子女就学比例已经达到 90%，并且连续几年实施“农民工职业技能提升计划”，每年培训农民工达到 2 千万人次。

第二，中小城市和城市群的建设扎实有序推进，特别是加快县城和重点镇市政基础设施建设，推动产业和公共服务资源向中小城市倾斜。近几年来，中小城市和县城的基础设施的面貌发生了很大的改变。县城生活垃圾无害化处理超过 70%，2014 年又有 36 个县城通高等级公路，同时还在修改完善设市设区的标准，支持农民工返乡创业，推进中西部地区 220 多个县城的基层就业和社会保障服务设施建设。从城市群来说，已经印发实施了长江中游城市群规划，基本编制完成长三角、成渝以及哈长等城市群规划，印发实施了《城镇化地区综合交通网络规划》等。

第三，新型城市的建设在加快推进。以创新、绿色、智慧、人文城市建设为方向，推动城市创新创业，推广绿色交通和绿色建筑。现在绿色建筑的总建筑面积已经达到了 4.4 亿平方米，城市的停车场、轨道交通建设步伐也在明显加快。2015 年又新增了 15 条轨道交通线路，438 公里运营里程，出台了智慧城市的评价指标体系和一系列支持政策。城市棚户区改造等保障性安居工程正在加快推进，2015 年开工了 783 万套，基本建成了 772 万套。同时，推进城市地下综合管廊和海绵城市的建设，创新性地运用专项建设基金、政府和社会资本合作等方式，有效缓解城市基础设施建设资金压力。

第四，新型城镇化综合试点初见成效。11 个部门联合实施了两批新型城镇化试点，现在试点地区已经覆盖到 2 个省，135 个城市和镇，并且建立了纵横联动、协调推进的试点工作机制。试点地区在放宽落户条件、提高居住证含金量、健全城镇化投融资机制、推进城乡建设用地增减挂钩、城镇低效用地再开发以及拓展特大镇功能等方面积累了丰富的可复制的经验，正逐步向全国推广。

二、发展规划

各地区在推进新型城镇化工作中还存在不平衡的现象，特别是农业转移人口市民化进程缓慢、城镇化质量不高以及扩大内需的主动力没有得到充分发挥等问题。针对这些问题，国务院《关于深入推进新型城镇化建设的若干意见》在九个方面提出了36条实实在在的政策举措，全面落实，深入推进。下一阶段要按照点面结合、纵横联动、补齐短板的要求，突出抓好以下四个方面重点工作：

第一，突出抓好农业转移人口市民化这一首要任务。这是新型城镇化的核心，可以有效带动消费需求和投资需求，推进结构性改革；

第二，突出抓好新生中小城市培育和特色镇发展这一个重点，着力补齐城镇体系的短板，开拓城镇化增长的内生空间；

第三，突出抓好提升城市功能这一个关键，着力补齐市政基础设施和公共服务设施的短板，带动有效投资的增长和宜居城市的建设；

第四，突出抓好体制机制创新保障，推动人、地、钱和房等领域的改革，优化资源配置，加快推进供给侧结构性改革，提高全要素生产率。

2016年2月23日，国务院召开深入推进新型城镇化建设电视电话会议，对下一步新型城镇化建设工作作出部署。会议强调，推进新型城镇化是当前和长远相结合，统筹稳增长、调结构、惠民生的重要战略举措，要牢固树立和坚决贯彻五大发展理念，总结推广各地行之有效的经验，深入推进新型城镇化建设，充分释放新型城镇化蕴含的巨大内需潜力，为经济持续健康发展提供持久、强劲动力。

第十章

各地产业创新和主体创新典型实践分析

产业创新驱动城镇化是双创驱动城镇化的基础，在互联网时代和全民追求健康的时代，农村传统产业有了很多创新的机会，这些创新给农业发展带来了前所未有的进步，也使农村成为一个崭新的双创主战场。产业创新了，其农民作为主体焕发创业创新激情，农村成为“大众创业、万众创新”的主战场。各地产业创新、主体创新工作涌现了很多崭新的实践案例，本章将对其中一些典型实践进行介绍和分析。

第一节 产业创新实践——互联网＋产业群

由于中国城镇化邂逅互联网时代，互联网思维和互联网技术、物联网技术极大地更新了原有农业产业的定义，使之有了很多新的内涵，也激发了很多“互联网＋产业群”业态。这些新业态吸引了企业投资经营，增加了农民就业，提高了农民生活水平和幸福感。

一、基本情况

"互联网小镇"是将智慧城市运用到新型城镇化的创新过程，是指城镇、乡村、社区、街道、开发园区、学校等广泛采用"互联网+"解决方案，实现基础设施、政务、民生、产业、安全、教育等与互联网的广泛在连接与充分融合，全面提升社会治理水平、政务服务能力、经济发展活力、居民生活品质，为"大众创业、万众创新"提供有力支撑。

"互联网+产业群"由互联网+信息基础设施、互联网+政务、互联网+民生、互联网+旅游业、互联网+创业创新教育、互联网+安全、互联网+农业（食品溯源、农村电商）、互联网+智慧能源等系列生态模型组成，针对每个生态模型，量身定制、部署实施相应"互联网+"解决方案。

（一）互联网+政务

全面开展"小镇"各政府部门的政务建设。打造"小镇"一站式移动政务服务大厅，构建网格化社会治理信息服务平台，用"信息直达"密切党群联系，用"数据跑腿"替代群众跑腿，通过指尖上的政务服务构建起安全可靠、覆盖全面、功能完备、移动高效的移动互联网政务公众信息服务体系。

（二）互联网+企业

按照"政府扶持、市场化运作、企业受益"的原则，推进开发园区信息服务平台与中小企业的"企业直通车"建设。完善服务职能，创新服务手段，提高中小企业在产品研发、生产、销售和物流等多个环节的工作效率。打造集手机网站、微信公众号、APP客户端、Html5轻应用、彩码二维码以及互联网营销推广等服务于一体的平台方案，助力企业开展移动电商，加速乡镇中小企业发展腾飞。

（三）互联网+旅游

形成以互联网+营销、服务、管理为一体的智慧旅游新形态，全面解决传统景区存在的问题。

“互联网+旅游营销”帮助景区实现多样化旅游信息推介和形象宣传、多途径电子票务。“互联网+旅游服务”实现景区智能导览、景区三维实景、推荐旅游地商圈等多种互动营销服务方式以提升旅游体验。“互联网+旅游管理”实现完善的员工管理、代理管理、景点管理以及大数据分析等管理功能。

（四）互联网+教育

持续完善教育信息化基础设施建设，构建互联网+公共教育与文化服务平台，打造定制化的“数字图书馆”“手机学习馆”。

构建创业创新人才教育培养体系，建设先进云教室，打造创客空间，让小镇居民都可以通过“创客”“众筹”和“众包”等方式获取大量知识信息，对接众多创业投资，引爆无限创意创造，推动地方经济转型发展。

（五）互联网+智慧社区

整合原有分散信息，实现社区信息资源互通共享。完善社区管理、服务，提升企业、用户对社区服务满意度。促进企业与社区，企业与企业间信息互动和合作。提升社区突发应急能力，降低管理运营成本。实现社区、企业（商户）及用户间的互通，盘活经济。

（六）互联网+养老

2015年，我国60岁以上老年人将突破2.16亿人，约占总人口16.7%，居世界首位。这标志着我国逐渐呈现出老龄化、高龄化、空巢化加速发展的新特征。

2014年11月，民政部、国家发展改革委、工业和信息化部、财政部、公安部、卫计委六部门联合下发了《关于开展养老服务和社区服务信息惠民工程试点工作的通知》，决定组织开展养老服务和社区服务信息惠民工程试点工作。

（七）互联网+食品溯源

构建食品全流程追溯体系有利于形成消费者、销售方和农场之间的良性循环、彼此信任，保障食品安全、促进农业发展。

在农作物生产环节帮助农场对土地资源、生产环境和农产品生产状况等进行智能化管理。

在加工环节记录产品产前、产中信息，以及产后的加工包装、销售流通各环节信息。

在流通销售环节建立产地智能化采收、库存和配送中心及智能化参与式保障体系的电商平台，将地方的名特优食品对接大城市电商平台、社区O2O等销售渠道。

(八) 互联网+安全

完善信息安全制度和规范，强化电子政务安全标准体系建设，研究和制定信息安全分级测评制度、信用管理、安全认证和信息资源管理等安全规范。

完善安全监管平台，推进网络安全监管的全区覆盖，实现高度自动化与智能化的运维调度功能。

建设信息安全综合保障体系，积极引进信息安全咨询、评测和技术服务企业，支持信息安全产品研发与应用，促进信息安全产业化、规模化发展，全面提升信息安全公共服务、技术防范、安全监测和应急处置能力。

(九) 互联网+基础设施

打造“智慧WiFi”，在公共区域提供免费的宽带无线网络覆盖服务，构建“互联网+”的公共信息基础设施，通过其强大的连接能力和社交属性，使得政务、商务和民生服务通道变得更加通畅。

以云服务平台为支撑，构建互联网小镇的智慧应用群，信息高度共享、业务敏捷灵动，成为智慧政务、平安城市、智慧医疗、智慧教育、智能交通、智慧园区、智慧旅游的基石。

(十) 互联网+新能源

通过互联网促进能源系统扁平化，推进能源生产与消费模式革命，提高能源利用效率，推动节能减排。加强分布式能源网络建设，提高可再生能源占比，促进能源利用结构优化。加快发电设施、用电设施和电网智能化改造，提高电力系统的安全性、稳定性和可靠性。

二、百鸟河数字小镇创新实践

百鸟河数字小镇是贵州省惠水县为了加快惠水产业转型升级，探索新型工业化路子而规划建设的新型园区。园区位于惠水县城西部，总规划面积 18 平方公里，起步区百鸟河核心区域 5 平方公里。园区内主要为大数据产业、教育文化产业、健康养老产业和文化旅游产业等新兴产业。百鸟河数字小镇的发展目标是通过 3～5 年的努力，建设一个以生态为基础，以生活为中心，融生产与生活的“三生”数字化小镇，实现产值百亿元，实现人口聚集 3 万～5 万人。预计 2015 年 8 月底完成基础规划建设。

百鸟河数字小镇的开发建设主要依托百鸟河景区良好的生态环境优势，以保护和发展生态为基本点，以打造宜居环境为核心，以建设产业经济新增长极为目标，将生态、生活和生产有机地结合起来，使百鸟河数字小镇成为经济社会发展的新型载体。紧紧围绕“一年打牢基础，两年初见成效，三至五年成规模”的发展目标，创新运用“镇·村·园”组团化开发模式，以“村”和“园”为功能板块，建设“一镇八村多园”，充分开发利用山沟荒地，依山就势选址建设，配套完善高效的互联网宽带系统、路网交通系统、供水排污系统和供电系统，将数字小镇打造成人才和技术高度集中、建筑及容量低密度开发、具有城市功能但非城市形态的“三生”小镇。

一是推进基础设施建设。目前百鸟河数字小镇 A、B 组团已全部建成，交付企业入驻办公，C 组团基本建设完工，进入绿化、护坡等扫尾阶段。以“三纵三横”为框架，完善数字小镇内路网建设。崇明哨至威远 16 米宽双向 4 车道西纵线正在施工建设；崇明哨至盛华学院中纵线慢行栈道及绿飘带景观打造建设完成；百鸟河至大龙加油站南环线建设完成；启动九龙寺路口至涟江大坝环线路段规划设计。

二是完善配套服务体系。完成双回路 10G 光纤接入、4G 通信基站和无线 WiFi 全覆盖，均已投入正常使用。围绕企业员工衣、食、住、行、娱、购等生产生活需求引进配套服务项目，目前已引进餐饮中心和超市入驻，正在对接落实物业、银行、邮政快递和通信服务等配套项目。加快推进污水处理厂、供电等配套基础设施和服务设施建设，确保满足企业入驻配套需求，目前污水处理厂投资建设合作伙伴已经选定，正在进行厂址平整和建设方案编制；供电已完成管道铺设，电缆正在预埋。

三是加快招商引智。出台《进一步加快百鸟河数字小镇建设的实施意见》，明确入驻小镇的企业和人才的优惠政策，积极推进招商引智工作。截至目前，已有 HTC 梦动科技、联想之星及迦太利华等 16 家企业入驻数字小镇，并与数联铭品、TCL 通信控股等大数据产业企业达成入驻意向。

三、产业创新实践启示

产业创新对新型城镇化推进有着非常重要的意义，有了产业创新，经济才有活力，才能增加就业，农民作为创新创业的主人翁意识才能被激发，农民生活水平提高，幸福感增强，就地城镇化才能实现。本书中介绍了互联网小镇的创新产业，除此之外，全国各地还有很多其他创新产业实践，都对地区新型城镇化起了重大推进作用。

第二节
主体创新实践——吉林临江黑松村农民创业

主体创新是双创驱动城镇化的原动力，中央提出“大众创业、万众创新”的“大众”“万众”，体现了中央对创业者的“众多”以及“普遍”的深切关注，创新不是少量科技人员的事情，尤其在城镇化进程中，需要焕发广大农民作为创业者的激情。吉林省临江市的农民创业就非常有借鉴意义。

一、基本情况

临江市位于吉林省东南部，长白山腹地，鸭绿江中上游，与朝鲜隔江相望，既是革命老区，又是边疆地区。临江物产丰饶，资源富集；生态宜居，风光秀美，森林覆盖率达84.3%，被列为“中国最具开发价值的十大旅游城市”。入选“2014中国深呼吸小城100佳”，位居全国第26位，特别是2015年，跻身全国前10名，位居第9位。还被评为“2014中国最美县城”30佳，是吉林省唯一上榜县。

黑松村位于临江市北部山区，距离临江市区12公里，幅员面积29.7平方公里，林地面积3400亩，在册耕地780亩，辖3个自然屯，总人口795人，党员17名。

黑松村党支部书记英秀柱是土生土长的黑松村人，这个村曾经被称为“空壳村”，一穷二白，但是英秀柱没有囿于现状，而是解放思想，寻找突破口，带领乡亲们走上艰苦的创业之路。

二、黑松村农民创业实践

英秀柱带领村民创业致富，经过了3个阶段：

（一）创业第一步：兴建水电站

黑松村村旁有一条二道沟河经过，具备极佳的水电站建设条件，在深入调查研究、聘请专家论证的基础上，该村党支部决定建设水电站。头脑精明、有胆有识的英秀柱一方面多方筹资并率先出资入股，另一方面聘请专家进行指导。村支部成员率先投资入股，村民们也都积极入股，3天时间就筹集资金370万元，装机容量765千瓦。2000年10月，“黑松村富民电站”顺利建成投产发电，年实现利税90万元，解决了7名村民的就业问题，电站的建成投产，迅速偿还了黑松村多年欠下的巨额外债。2006年，在党支部的带领下，村民筹集资金500万元，收购四道沟梨树富民电站，年发电量260万千瓦。村党支部没有就此止步，而是继续积极筹办，2008年10月又建成“黑松爱民水电站”，年发电量100万千瓦。2011年村民集资280万元，兴建利民电站，年发电容量120万千瓦，年实现利税41万元，使电站收益成为该村发展新农业、建设新农村、培养新农民的重要资金来源。截止到目前，黑松村入股兴建的四座水电站年集体收入达到110万元。

（二）创业第二步：发展加工业

有了原始积累，英秀柱同志把发展的眼光投向了粮食加工业。凭借黑松便利的交通优势，依托丰富的电力资源，2003年，他主建的黑松富民冷冻食品厂破土动工，并克服了资金、技术和市场等诸多难题，当年建成投产，就取得了良好的经济效益。目前，黑松富民冷冻食品厂配套建设的两座大型冷冻库资产已达2000万元，企业生产的“双收”牌甜玉米获得国家质量认证“无公害”产品称号，被评为省农业产业化重点龙头企业，产品在市场上供不应求。依靠土地流转，100多名村民成为农业产业工人，150多人在电站和速冻食品厂上班，并从周边乡镇常年雇用民工100多人，其中长期在此打工的下岗失业人员就达60人。全村年工农业收入达到4000万元，农民人均收入7200元，是白山农民人均纯收入的1.28倍，全省农民人均纯收入的1.32倍。

不光加工甜玉米，英秀柱发现山野菜越来越受市场欢迎，因此，又带领乡亲们成立了山野菜栽培合作社，专门种植营养丰富的山野菜。

项目支书建设落实到位，创业带富工程扎实有效。村党支部建成党员创业基地和党员示范区，带动、辐射周边群众致富作用日益明显。村党支部书记英秀柱和党员邢茂坤分别带头成立的黑松甜玉米协会和山野菜栽培合作社两大农民合作组织，在引领群众致富上各显奇招，功不可没。目前，两大合作组织共投入资金650余万元，年产值达112万元。甜玉米生产协会吸收会员400多户，转移农村剩余劳动力200多人，使近百户收入超万元。2013年，英秀柱同志投资300余万元对黑松甜玉米产业进行升级打造，深化农村科技项目，新建黑松村千吨膨化玉米豆厂，对黑松村的甜玉米进行深加工，投入市场之后，深受消费者喜爱。

（三）创业第三步：建设美丽乡村

集体经济壮大了，村民生活富裕了，英秀柱又把目光放在了改变农村落后的生活环境和方式上。2005 年，由省财政支持建设的小康示范村工程，盖新房、建别墅、起高楼、建学校、修村路、建广场、装路灯，仅两年时间就把黑松村装扮得靓丽多彩。村里还积极探索构建各种福利制度，村民的有线电视费、自来水费以及参加合作医疗保险的费用全部由村集体支付，村里每年为 65 岁以上的老人发放 500～1000 元生活补助，老人去世发放丧葬费，为村小学提供取暖用煤，为考上大学的学生每人提供 2000 元补助，统一为入住楼房的农户安装了太阳能热水器。

近几年，黑松村村民生活水平提高了，村民待遇上来了，可是村基础设施水平依然是老面孔。英秀柱同志东奔西走，找政策，挖项目，争取吉林省“美丽乡村”建设资金 300 余万元，争取改善人居环境示范村项目近百万元，争取财政“一事一议”项目奖补资金 400 余万元，争取环境连片整治资金 70 余万元，对全村的道路、美化、绿化、亮化进行全面改造升级，道路硬化近万平米，村水泥路建设 5 公里，栽树千余棵，栽花万余株，培植草坪 3000 平米，兴建地下排水系统 400 余米，新建污水氧化塘 1 个，新建柴草垛堆放点 1 座。

（四）创业带来美好生活

2011 年，村党支部又投资建起了集老年文化活动室、卫生室和农家书屋等于一体的 900 多平方米的村文化活动中心，进一步丰富了村民的业余文化生活。由村党支部倡导、村民自发组成的秧歌队，2012 年和 2013 年春节期间，还把秧歌扭进了城里的大街小巷，并在市里组织的秧歌大赛上获得了奖项。现在，每到华灯初放，成群结队的村民便在欢快的乐曲中扭起了大秧歌。村民们扭出了对幸福生活的喜悦，舞出了对未来美景的憧憬，一幅充满生机的社会主义新农村美好画卷正在黑松沃土上徐徐展开。

三、主体创新实践启示

英秀柱带领农民创业的故事，深刻地说明了：农民一旦其创业能力被激发，其能量是巨大的。农民创业，自然会靠山吃山。因为他们对资源情况更熟悉，因此，他们“靠山吃山，靠水吃水”的能力更强，对资源的保护也更好。农民创业，自然会组织起来，因为他们世世代代延续的亲缘关系，这种组织更加密切。农民创业，经过了靠资源起家，靠深加工致富的过程，最终发展到改善居住条件，没有生产作基础的生活改善无从谈起，也不会长久。

农民创业者的成果更离不开当地政府的支持，当地政府送政策到农民手上，送技术到农民手上，积极对接市场，极大促进了农民创业者创业的成功。

第十一章

各地载体创新典型实践分析

双创驱动城镇化，需要有一个具体的空间和平台去承载，在全国新型城镇化建设过程中，出现了产业小镇这样一个载体创新。产业小镇以原有村落整治为基础，同时注入新兴产业，形成新的生活生产一体化的新型城镇化空间。产业小镇不同于原先的旅游小镇，包括了从一产到三产的不同创新产业。产业小镇又不同于原先的产业园，它强调的是生活生产密切融合。

产业小镇作为双创驱动城镇化的一个载体创新，在全国各地都有不同程度的实践，本章将以东部沿海发达地区的浙江省和欠发达地区的贵州省两个地区为例，进行介绍和分析。

第一节 浙江省产业小镇驱动新型城镇化实践

一、全省发展情况

特色小镇是浙江省的一个“大战略”，是浙江省委省政府深入贯彻

“八八战略”、遵循经济社会发展规律、审时度势作出的重大决策，是新常态下浙江创新发展的战略选择。特色小镇也是浙江工作的一个“大热门”，2015 年以来，全省上下聚焦特色小镇，加快建设，特色小镇已成为各级党委政府工作的重点、企业参与建设的热点。特色小镇更是浙江创新的一个“大亮点”，特色小镇赢得了中央主要领导、国家部委和各媒体的高度关注和持续点赞。

（一）浙江特色小镇特点

1. 浙江特色小镇的制度创新

特色小镇“非镇非区”，是创新发展平台。特色小镇不是行政区划单元上的一个镇，没有行政建制。特色小镇也不是一个产业园区的一个区，也不是风景区、开发区、高新区，它不是单纯的大工厂，而是聚焦特色产业，融合文化、旅游、社区功能的创新创业发展平台。

特色小镇运作机制是“破旧去僵”，做到“活而新”。特色小镇采用“宽进严定”的创建制，不搞审批制，政策上实施期权激励制和追惩制。建设上采用政府引导、企业主体、市场化运作的机制。

2. 浙江特色小镇突出产业创新

特色小镇产业定位“一镇一业”，突出“特而强”。“特”是指每一个特色小镇都主攻信息经济、环保、健康、旅游、时尚、金融及高端装备制造七大“万亿”产业，以及浙江的茶叶、丝绸和黄酒等历史经典产业中的一个产业，而不是“百镇一面”；“强”主要表现为围绕产业高端和高端产业，原则上要求三年投入 30 亿～50 亿元，培育行业的“单打冠军”。

特色小镇功能集成“紧贴产业”，力求“聚而合”。“聚”就是特色小镇都有产业、文化、旅游和社区四大功能的聚集；“合”就是四大功能都紧贴产业定位融合发展，而不是简单相加，生搬硬拼。特色小镇的文化旅游社区功能，必须从产业中延伸和挖掘出来，如浙江丝绸小镇的文化和旅游功能就是从丝绸产业中挖掘出来的。

3. 浙江特色小镇突出空间创新

特色小镇形态打造“突出精致”，展现“小而美”。“小”就是规划面积一般控制在 3 平方公里左右，建设面积一般控制在 1 平方公里左右；“美”就是所有的特色小镇都要建成 3A 级以上景区，其中旅游类特色小镇要按照 5A 级景区标准建设。

（二）浙江特色小镇阶段性成果

目前，浙江省已经公布了两批 79 个特色小镇省级创建对象，51 个省级特色小镇培育对象。特别是首批 37 个特色小镇，取得了以下四个方面的成效。

一是特色小镇正成为加快产业转型升级的新载体。各个特色小镇都成为创新创业人才的首选地，成为转型发展、创新发展的主战场。每个小镇都集聚了大量的人才和创业资金。

二是特色小镇正成为拉动有效投资的新引擎。首批 37 个特色小镇吸引了 3300 多家企业，完成投资 480 亿元，有 5 个小镇投资已经超过 20 个亿。

三是特色小镇正成为推进供给侧结构性改革的新实践。特色小镇为现代创业群体提供了个性化的创业需求供给，为不同的客户提供了有效的需求供给，在高质量产品供给上也有了新的作为。

四是特色小镇正成为各级干部积极主动作为的新舞台。特色小镇为浙江干部主动了解新经济、发展新经济、做实新经济提供了有效抓手。

（三）浙江特色小镇发展重点

今后，浙江特色小镇将从四个“更加注重”推动建设。

一是更加注重特色打造，加快高端要素向特色小镇集聚；

二是更加注重有效投资，促进特色小镇加快建设进程；

三是更加注重示范引领，促进特色小镇齐头并进发展；

四是更加注重改革创新，形成特色小镇市场化运作机制。

二、重点小镇实践做法

云栖小镇是浙江省首批创建的 37 个特色小镇之一。小镇位于美丽幸福的杭州市西湖区，规划面积 3.5 平方公里。按照浙江省委、省政府关于特色小镇要产业、文化、旅游和社区功能四位一体，生产、生活和生态融合发展的要求，秉持“绿水青山就是金山银山”的发展理念，着力建设以云计算为核心，云计算大数据和智能硬件产业为产业特点的特色小镇。

云栖小镇主要有以下五个特点：

一是有一个小镇的灵魂人物。云栖小镇的名誉镇长叫王坚博士，是阿里巴巴的首席技术官、阿里云的创始人、中国云计算领域的领军人物，也是云栖小镇的主要创建者，正致力于把云栖小镇打造成中国未来创新的第一镇。

二是有一个高端的新兴产业。云栖小镇坚持发展以云计算为代表的信息经济产业，着力打造云生态，大力发展智能硬件产业。目前已经集聚了一大批云计算、大数据、APP开发、游戏和智能硬件领域的企业和团队。

三是有一个创新的运作模式。云栖小镇采用了“政府主导、民企引领、创业者为主体”的运作方式。政府主导就是通过腾笼换鸟、筑巢引凤打造产业空间，集聚产业要素、做优服务体系。民企引领就是充分发挥民企龙头引领作用，输出核心能力，打造中小微企业创新创业的基础设施，加快创新目标的实现。创业者为主体就是政府和民企共同搭建平台，以创业者的需求和发展为主体，构建产业生态圈。这是云栖小镇最有创新活力的部分。

四是有一个全新的产业生态。云栖小镇构建了“创新牧场—产业黑土—科技蓝天”的创新生态圈。“创新牧场”是凭借阿里巴巴的云服务能力，淘宝天猫的互联网营销资源和富士康的工业革命4.0制造能力，以及像Intel、中航工业、洛可可等大企业的核心能力，打造全国独一无二的创新服务基础设施。“产业黑土”是指运用大数据，以“互联网+”助推传统企业的互联网转型。“科技蓝天”是指创建一所国际一流民办研究型大学，就是西湖大学，现在正在紧锣密鼓地筹办当中。

五是有一个世界级的云栖大会。云栖小镇创建了真正服务于草根创新创业的云栖大会，目前是全球规模最大的云计算以及DT时代技术分享盛会。“2015年杭州云栖大会”吸引了来自全球2万多名开发者以及20多个国家、3000多家企业参与。

云栖小镇建设仅仅一年，发展非常迅速。2015年实现了涉云产值近30个亿，完成财政总收入2.1个亿，累计引进企业328家，其中涉云企业达到255家，产业已经覆盖云计算、大数据、互联网金融及移动互联网等各个领域。

下一步，云栖小镇将进一步深刻理解、全面把握特色小镇的内涵特征，继续着眼供给侧改革，紧紧围绕转型升级，加快实施腾笼换鸟，着力培育新兴产业，加快集聚高端要素，全力实施“双创”行动，加快构建产业生态，培育小镇经济，努力把云栖小镇建设成为浙江特色小镇建设的示范镇、中国创业创新第一镇，探索出一条产业、文化、旅游和社区功能融合发展，产城人文融为一体，体制机制灵活的新型城镇化建设之路。

第二节
贵州省产业小镇驱动新型城镇化实践

一、全省发展情况

贵州山地多、平地少，是全国唯一没有平原支撑的山区省份，也是贫困人口最多的省份，城镇化的发展相对滞后，目前城镇化率，就是常住人口的城镇化率只有40%，还有60%的人口生活在农村，因此城镇化尤其是小城镇的建设绝不能走“摊大饼”的老路，只能立足于贵州山地的实际，体现“小而精、小而美、小而富、小而特”，走“蒸小笼、串珍珠”的组团式发展的新路。为此，贵州省委、省政府提出建设100个示范小城镇的战略，取得了一定成效，建设了一批旅游小镇、白酒小镇、茶叶小镇等各具特色的小城镇，实现了各类特色小城镇各美其美、美美与共。

（一）主要做法

第一，坚持改革创新，建设活力小城镇。首先创新工作机制，建立了贵州省100个示范小城镇建设工作联席会议制度，协同推进小城镇建设；二是加强制度设计，制定了指导小城镇发展的《关于加快100个示范小城镇改革发展的10条意见》和29项配套措施，共下放195项县级经济管理的权限；三是强化人才支撑，实施千名干部助阵工程，通过“学、帮、带”提高小城镇干部的工作能力，与高校、职校进行合作，订单培养示范小城镇建设紧缺人才；四是集聚要素资源，推动城镇周边村庄整合归并，优化行政区划和空间布局，推动土地、资金和外部帮扶的资源要素向小城镇集聚。

第二，协调推进，精心演绎城乡统筹发展的二重唱。按照“以镇带村、以村促镇”的发展思路，形成了一个小城镇带动多个美丽乡村建设的镇村联动的发展模式。推进小城镇“8＋X”项目建设和美丽乡村“6＋X”项目建设，促进城乡协调发展。

第三，坚持绿色发展，建设生态小城镇。依托生态资源和民族文化，全力打造以山水风光、民族风情和地方风物为特色的绿色乡镇，遵循“以人为本、道法自然”的基本要求，推动“一镇一风貌、一镇一主业”的建设发展。

第四，坚持民生为本，建设小康小城镇。在全国率先开展以镇为单位，全面小康社会创建工作，制定了《贵州省100个示范小城镇全面小康统计监测工作实施办法》，建立了以镇为单位、全面小康统计监测指标体系，极大地推进了示范小城镇全面小康的进程。

（二）阶段性成果

一是人口集聚功能显著提升。贵州省始终把小城镇作为构建新型城镇体系，优化城镇空间布局的重要抓手，千方百计推动小城镇人口集聚。2015年，100个示范小城镇新增城镇人口10万人，新增城镇就业人口8.3万人。城镇规模不断壮大，吸纳人口就业能力大幅度提升。

二是基础设施条件显著改善。贵州省把提高综合城镇能力作为小城镇建设的基础性、先导性工程，切实改善小城镇基础设施和公共服务条件。截至2015年年底，100个示范小城镇累计完成项目建设资金1000亿元，建成“8＋X”项目4000多个，107个示范小城镇由高速公路或国省干线联络线连接，累计建成保障性住房8万套。

三是城镇经济实力快速提升。贵州省围绕特色产业发展，加大招商引资和项目建设力度，镇域经济逐渐成为县域经济的强劲引擎。2013—2014年，全省示范小城镇工业总产值和旅游总收入、农业总产值和财政总收入年均分别增长了18.5%、21.4%、12.4%和39%。在“十三五”期间，贵州省将紧紧围绕特色来打造小城镇的升级版，主要依托“五大新型产业”和贵州特色的“六张名片”，重点创建一批更具文化底蕴、民族特色、山地特色和产业特点的特色小城镇，带动全省1262个乡镇同步奔小康。

二、重点小镇实践做法

旧州，地处黔中腹地，始建于1351年，距省会贵阳80公里，距安顺市区37公里，全镇总面积116平方公里，总人口4.4万人，少数民族人口占38.1%，平均海拔1356米，全年空气质量优良率为100%。旧州镇生态良好、环境优美、文化丰富，是中国屯堡文化的发源地和聚集区之一，是全国第一批建制镇示范试点镇，是中国历史文化名镇、全国文明村镇、全国美丽宜居小镇和国家4A级生态文化旅游小镇，被誉为“梦里小江南，西南第一州”。

近年来，旧州镇深入贯彻落实党中央、国务院关于新型城镇化和小城镇建设发展的精神，按照省委、省政府建设特色新型城镇化示范区的战略部署，立足本地实际，探索山地特色小城镇发展之路，取得了积极成效，主要做法如下：

一是发挥生态和文化优势，建设绿色旅游小镇。过去，旧州镇是以种植、养殖和加工为主的农业乡镇，经济总量小、发展水平低，在推进特色小城镇建设过程中，依托丰富的文化资源和良好的生态环境，按照“镇在山中、山在绿中、山环水绕、人行景中”的规划布局和发展理念，坚持生态保护优先，先后完成了“土司衙门、古民居、古街道、古驿道”的修复修缮工作，培育了一个国家级湿地公园，一个4A级国家生态文化旅游景区，两个特色观光农业示范区。同时加快旅游慢道、旅游小火车和游客服务中心等旅游基础设施建设，逐步形成了以旧州、天龙和云峰为重点的大屯堡旅游圈，推动了生态旅游与人文旅游融合发展，旅游产品的业态不断丰富，今日旧州农村变成了景区。2015年接待游客总人数近40万人次，实现旅游总收入2.53亿元，同时旅游的发展也带动了民俗客栈、特色农庄的迅速发展。既解决了农民就业，又拉动了经济增长，2015年解决了镇区和周边乡镇共6000人的务工，其中吸纳异地人口搬迁1000余人就业。

二是探索就地就近城镇化路径，建设美丽幸福小镇。根据旧州镇实际，就地就近城镇化是推进特色小镇发展的重要路径，是打好脱贫攻坚战的必然选择。旧州按照国家“3个1亿人”城镇化行动方案和省“5个100工程”建设目标要求，率先探索实践城镇基础设施“8＋X”项目建设模式，完善了交通运输、污水处理和垃圾清运等基础设施，优化了教育医疗、文化、体育与便民服务等公共服务设施。加强政企合作、借助外力发展，旧州与清华大学城市研究所深度合作，吴良镛院士亲自指导美丽乡村人居环境建设项目，在浪塘村打造升级版“微田园”，通过“万绿城”城市综合合作建设特色产品职工基地，实现示范小城镇订单式生产，城市综合体链条式销售。与葡萄牙里斯本大区维苗苏镇、黄果树旅游集团公司结成对子，合作打造特色旅游民居、“山里江南”旅游综合体等项目，吸引农业转移人口向镇区和美丽乡村集中，同时把小城镇建设与异地扶贫搬迁结合起来，将生活在治安条件极其恶劣、生态环境脆弱、自然灾害频繁区域的贫困户搬迁，集中安置到镇区附近，并帮助其就业。2015年新建搬迁移民住房500户，计划安置2250人，城镇化率由2012年的35％提升到2015年的45.2％，提高了10.2个百分点。

三是积极探索创新城镇化发展体制机制。围绕城乡发展一体化，投融资机制、公共服务和供给机制等试点要求，深化改革，探索创新投融资模式，成立了镇级投融资平台，积极争取各方面投资资金，逐步把旧州镇打造成联结城乡的重要纽带，服务农村的重要平台，带动周边的辐射点；建成了连接镇区以安顺中心城区的屯堡大道，改造提升区内路网和对外通道，把周边的双堡、七眼桥、大西桥和刘官、黄腊等乡镇串联起来，形成具有辐射带动作用的城镇集群。

四是加快省级示范小城镇建设。在各级各部门的支持下，旧州抢抓发展机遇，在成功申报为全国历史文化名镇后，着力打造文化生态旅游古镇。首先，坚持规划引领，科学编制了镇总体规划以及历史文化名镇保护规划，并委托贵州省规院在全省率先编制了旧州镇“多规融合”规划；其次，注重绿色发展的理念，继成功创建省级绿色低碳小城镇后，申报国家级绿色低碳小城镇，并通过了国家发改委、住建部和财政部专家验收；最后，树立“一盘棋”思想，把特色小镇建设与全面小康结合起来，按照建设美丽乡村的要求，统筹镇村基础设施与公共服务设施建设，构建“以镇带村、以村促镇、镇村融合”的“1＋N”镇村联动发展模式。通过特色小城镇建设，得到了很多实惠。近三年，农民人均纯收入实现了三级跳，超过1万元人民币，2015年全镇所有小康监测指标实现程度均达90％以上。

第三节 产业小镇驱动新型城镇化的经验与启示

各地的双创驱动城镇化在实践过程中，碰到了一些共性的问题，浙江省和贵州省解决这些问题有一些经验值得各地借鉴。

一、社会效益与经济效益的平衡

在推进小城镇建设过程当中，往往会出现投入多、产出少，虽然有一定的社会效益，但是经济效益一般不太明显的情况，如何有效解决这些问题，贵州省有一套较为成熟的办法。

贵州省的办法是首先制定了鼓励小城镇发展的“10条意见”，即“百强十策”，同时在“10条意见”的基础上出台了29项配套政策，构建了“1+N”改革的政策体系，重点围绕优化机构设施和编制配备，扩大镇级经济社会管理权限，推动农村土地要素流转，加强基础设施和公共服务设施建设，加快推进农民城镇化进程，大力支持创业特区产业发展，加大金融支持力度，强化综合配套支持，以及加强人才培养引进，建立考核激励机制，制定了41项任务清单，同时下放了195项县级经济社会管理权限。

这些政策分门别类，力求从顶层设计上解决制约小城镇发展的难题，针对性比较强，效果也比较好。

比如，在考核激励机制方面，对于100个示范小城镇实行开放式管理，不是说纳入示范小城镇就永远是，而是进行考核，考核做得好的，在省里给的政策更加倾斜；考核不达标、做得不好的可以随时把它排除出示范小城镇。在示范小城镇推进过程当中，形成了良性的竞争机制和追赶机制，有效解决了示范小城镇建设当中的动力问题。

二、市场与政府的边界

特色小镇的建设既需要市场的参加，也需要政府的组织。如何有效厘清市场和政府之间的边界，浙江省有一定的实践和体会。

浙江省是市场经济比较发达的地方，所以浙江省在许多创新工作中非常注重如何厘清政府与市场的关系、政府与企业的关系。

浙江省特色小镇建设总的原则就是“政府引导、企业主体、市场运作”，特色小镇建设就是按照这个原则推进的。

（一）政府的工作

政府主要做四方面的具体工作：

一是编制规划；二是基础设施的配套推进，包括水、电、道路建设等；三是要素保障，主要是土地保障；四是生态环境保护。

还有一个重要的工作，就是营造良好的政策环境，吸引各方力量来建设特色小镇。

（二）企业的工作

企业主要做产业发展、人才引进、市场营销、项目推进、效益追求等，非常清晰。

（三）实践情况

浙江省的省级特色小镇创建对象中，如诸暨袜艺小镇、吴兴美妆小镇以及龙游红木小镇等一批小镇，都是民企建设的。同时央企和省里的国有企业，还有高等院校都在积极参与建设。像杭州湾花田小镇，就是由省农发集团建设的，平湖九龙山航空小镇，是由海航集团建设的，还有西湖艺创小镇，是由中国美院和浙江音乐学院共建的。企业主动参与特色小镇建设，是浙江省特色小镇活力之所在，也是浙江省特色小镇可持续发展所在。

三、村镇联动的重要性

城镇化的过程其实也是带动农村发展的过程，在国家新型城镇化规划制定过程中，特别提出城乡统筹发展的概念。城镇化规划明确了四大重点战略任务，其中第四大战略任务就是统筹城乡一体化发展，避免拉美国家在城镇化过程中出现的农村衰落的现象。

国务院 2016 年年初发布的《关于深入推进新型城镇化建设的若干意见》里包括九个方面 36 条，辐射带动新农村建设是其中一个特别重要的方面，总共有 4 条政策措施：第一条要推动城市基础设施和公共服务向农村延伸；第二条是带动农村第一、二、三产业融合发展；第三条是带动农村电子商务的发展；第四条是推动易地扶贫搬迁与新型城镇化的结合。

小城镇是城乡联结的节点，一端连着城市，一端连着农村，旧州镇就是典型。小城镇的发展有三个重点方向：一是推动小城镇的发展与疏解大城市功能相结合；二是与特色产业发展相结合；三是与服务三农相结合。

通过小城镇这个支点为服务农村提供平台，推动统筹城乡发展和促进城乡发展一体化。这是城镇化必须坚持的基本原则之一。怎样通过镇村联动推动镇域的城镇化建设，调动农民参与的积极性？贵州旧州的经验是：

一是，要确定这个镇的发展方向。方向确定以后，镇村统筹规划设计，在整个镇的规划设计方面，除了考虑镇中心的区域外，同时考虑村里面的规划。

二是，加大在交通、通信等基础设施的建设力度，有效增加中心镇服务社的服务半径，使镇村更好融合发展。

三是，根据各个村的发展条件，围绕旧州镇打造生态旅游小镇的目标，确定各个村的发展方向和思路，让农村的人口就地、就近城镇化，让农村人口在自己本村区域内就可以通过产业结构调整实现共同富裕的目的。

以上这些案例从不同的方面介绍了全国各地双创驱动城镇化的实践，这些实践充分说明了："大众创业、万众创新"是促进新型城镇化的崭新路径。

附录：西咸新区部分创新创业政策

西咸新区创业孵化基地认定管理暂行办法

第一条　为落实和完善更加积极的就业政策，充分发挥创业带动就业的倍增效应，规范创业孵化基地认定管理，加快推进创业孵化基地建设，按照省人社厅、财政厅《关于推进陕西省创业孵化基地建设的指导意见》（陕人社发〔2013〕59号）、《关于印发陕西省创业孵化基地认定管理办法（试行）的通知》（陕人社发〔2014〕59号）、《关于规范和加强就业专项资金使用管理的通知》（陕财办社〔2012〕1号）相关规定，制定本办法。

第二条　本办法所称的创业孵化基地，是指经认定的可为创业者提供管理经营所需的场地以及创业指导、融资服务、管理咨询、人才培训、技术创新、事务代理、法律援助等各项服务，对于促进创业起到一定社会效益的规模性、集群型的经济实体。

第三条　创业孵化基地管理坚持“政府扶持、部门指导、分级管理、社会参与、市场化运作”原则，鼓励社会各方充分利用各类资源以多种形式建设创业孵化基地。

第四条　创业孵化基地应具备以下条件：

（一）运营管理机构或创业孵化基地为依法成立的独立法人机构；

（二）有固定的办公场所，健全的规章制度和专业的管理服务团队；

（三）能够提供生产经营场地和基本办公条件；

（四）安排创业孵化的面积达到其实有总面积30%以上，并与入驻创业实体（企业、个体工商户）签订书面创业孵化协议；

（五）运营状况良好，循环孵化方案系统规范，具有连续滚动孵化的能力；

（六）协助创业者办理开业手续，提供与创业经营相关的培训、咨询、指导，创业项目开发、对接，引进投融资等服务；

（七）能够积极协调相关部门，协助创业者申请扶持资金，享受创业优惠政策和其他扶持政策。

第五条　各类型创业孵化基地认定标准：

（一）市场型孵化基地。要求基地面积不少于600平方米，地理位置适宜，市场经营项目相对专业化，有不少于30个相对独立的经营单位，有专门的市场管理机构和管理制度。

（二）门面型孵化基地。要求方便消费者、地理位置相对适宜，由不少于20个独立经营的门面集中组成，每个门面不少于15平方米。

（三）加工型孵化基地。以集中培育年营业收入200万元以下的生产加工型小微企业为主，入驻企业不少于10家，吸纳就业总数不少于100人。

（四）楼宇型孵化基地。要求总面积不少于600平方米，有独立办公室，有20个以上独立经营的创业者入驻。

（五）园区型孵化基地。由政府集中统一规划，入驻的创业实体数量、吸纳就业人数均达到一定规模，在提供孵化服务、培育创业项目方面已形成产业集群效应的工业园区、农业园区、高新技术园区、大学科技园区、小企业孵化园等。

第六条　入驻创业孵化基地的创业实体应具备以下条件：

（一）进行工商注册登记，产权明晰，自主经营，自负盈亏；

（二）符合条件的拟创业者须参加创业培训经考核合格，并有明确的、经评估可行的《创业计划书》；已创办的企业、个体工商户的注册登记时间应不超过3年，上年营业收入不超过200万元；

（三）注册登记地及办公经营场所在创业孵化基地内，接受创业孵化基地的统一管理。

第七条　入驻创业实体在创业孵化基地孵化的时间一般不超过3年。

第八条　创业孵化基地的申报。创业孵化基地运营管理机构向所在地新城人力资源和社会保障部门提出书面申请，同时提供下列材料：

（一）《创业孵化基地认定申请表》；

（二）证明运营管理机构或孵化基地为独立法人机构的相关材料、主要负责人身份证复印件，孵化基地不是独立法人机构的，还应提供说明孵化基地与运营管理机构法律关系的相关材料；

（三）孵化基地生产经营场所及相应的道路、供电、供水、消防、通信、网络等生产经营基础配套设施基本情况；

（四）房产证或与产权所有人5年期以上租赁合同等相关证明；

（五）为符合条件的孵化对象（创业者）创业提供低租金或免租金，低收费或零收费的场地费用方案，以及创业者与孵化基地签订的书面创业孵化协议复印件；

（六）管理服务团队情况，循环孵化功能解决方案。

第九条　各新城创业孵化基地由所在地的新城人力资源和社会保障部门会同财政部门共同认定。人力资源和社会保障部门与财政部门受理申请后，对其进行审核考察，达到建设标准的可认定为创业孵化基地，并由有关新城人力资源和社会保障部门授牌，同时向西咸新区人力资源和社会保障局备案。对于规模较大、创业孵化机制良好的创业孵化运营管理机构，经新城人力资源和社会保障部门推荐，可申请西咸新区创业孵化基地，由西咸新区人力资源和社会保障局、财政局依照本办法共同审批。

第十条　各级创业孵化基地采用“西咸新区YY创业孵化基地”“西咸新区XX新城YY创业孵化基地”字样统一规范命名，其中行政区划后的

YY 可设定为运营管理机构名称，也可为凸显基地行业特色或孵化对象的字号。经西咸新区人力资源和社会保障局、财政局组织择优评定的创业孵化示范基地，加挂统一制作的“西咸新区创业孵化示范基地”牌子。

第十一条　创业孵化基地运营管理机构负责创业孵化基地的日常管理，对其进行审批认定的人力资源和社会保障部门负责进行业务指导，按要求会同财政部门落实扶持政策，引导创业孵化基地良性发展。

第十二条　创业孵化基地补贴的申请。经认定的创业孵化基地于每年 11 月 15 日起向其审批认定的人力资源和社会保障部门提出补贴申请，同时提供下列材料：

（一）《××年度创业孵化基地补贴申请表》；

（二）《××年度入驻创业实体基本信息登记表》；

（三）入驻创业实体与孵化基地签订的书面创业孵化协议复印件；

（四）入驻创业实体的营业执照、税务登记证复印件；

（五）人力资源和社会保障部门、财政部门要求的其他材料。

第十三条　创业孵化基地补贴的审批。创业孵化基地补贴申请由有关新城人力资源和社会保障部门受理，并会同财政部门根据创业孵化基地补贴标准核定后拨付。各新城于每年 12 月底前将《××年度入驻创业实体基本信息登记表》《××年度西咸新区创业孵化基地补贴拨付汇总表》报西咸新区人力资源和社会保障局、财政局备案。

第十四条　创业孵化基地补贴主要用于创业孵化基地所需实训设备购置和设施设备维修支出以及创业孵化基地运营管理补贴。创业孵化基地要规范、合理使用创业孵化基地补贴资金，每年要向其审批认定的人力资源和社会保障部门、财政部门报送补贴资金使用情况。人力资源和社会保障、财政部门要加大监管力度，确保资金使用安全。

第十五条　创业孵化基地实行动态管理机制。各新城人力资源和社会保障部门要会同财政部门建立针对创业孵化基地的考核和退出机制，每年组织相关单位进行考核，通报各孵化基地的扶持政策落实情况和孵化成效。对不符合创业孵化基地标准和条件或存在下列情况之一的，将取消其孵化基地资格：

（一）孵化基地违法违规经营，或孵化对象违法违规经营，造成恶劣影响的；

（二）孵化基地被孵化对象投诉三次，经查实拒不整改的；

（三）不能按照书面创业孵化协议为孵化对象提供服务的；

（四）孵化成功率低于50％的。

第十六条　对有违规、违法行为，骗取、套取国家补贴资金的孵化基地，按程序取消命名和授牌，收回补贴资金，并追究法律责任。

第十七条　各新城要结合实际，依据省上有关政策规定和本办法，研究制定具体实施细则，明确认定条件和补贴标准，并报西咸新区人力资源和社会保障局备案。

第十八条　本办法由西咸新区人力资源和社会保障局、财政局负责解释，自发布之日起实施。

西咸新区沣西新城创业孵化基地认定及资金扶持管理实施细则

第一章　总　则

第一条　根据西咸新区财政局、西咸新区人力资源和社会保障局《关于规范和加强就业专项资金使用管理的通知》（陕西咸财发〔2015〕80号）、《西咸新区创业孵化基地认定管理暂行办法》（陕西咸人社发〔2015〕1号），结合新城实际，制定本细则。

第二条　本细则所称的创业孵化基地，是指经新城认定的可为创业者提供管理经营所需的场地以及创业指导、融资服务、管理咨询、人才培训、技术创新、事务代理、法律援助等各项服务，对于促进创业起到一定社会效益的规模性、集群型的经济实体。

第三条　孵化基地应当具备以下主要孵化服务功能：

（一）运营管理机构或创业孵化基地为依法成立的独立法人机构；

（二）有固定的办公场所，健全的规章制度和专业的管理服务团队；

（三）提供生产经营场地和基本办公条件，协助办理开业手续；

（四）安排创业孵化的面积达到其实有总面积30%以上，并与入驻创业实体（企业、个体工商户）签订书面创业孵化协议；

（五）运营状况良好，循环孵化方案系统规范，具有连续滚动孵化的能力；

（六）协助创业者办理开业手续，提供与创业经营相关的培训、咨询、指导，创业项目开发、对接，引进投融资等服务；

（七）能够积极协调相关部门，协助创业者申请扶持资金，享受创业优惠政策和其他扶持政策；

（八）指导协助孵化对象办理退出（迁址、工商税务登记变更等）后续服务工作；

（九）加强宣传，营造创业文化氛围。

第二章　创业孵化基地的认定

第四条　新城人力资源和社会保障局、财政局为我新城创业孵化基地认定和管理的主管部门，具体工作由人力资源和社会保障局承担。

第五条　创业孵化基地应具备以下条件：

（一）运营管理机构或创业孵化基地为依法成立的独立法人机构；

（二）有固定的办公场所，健全的规章制度和专业的管理服务团队；

（三）能够提供生产经营场地和基本办公条件；

（四）安排创业孵化的面积达到其实有总面积30%以上，并与入驻创业实体（企业、个体工商户）签订书面创业孵化协议；

（五）运营状况良好，循环孵化方案系统规范，具有连续滚动孵化的能力；

（六）协助创业者办理开业手续，提供与创业经营相关的培训、咨询、指导，创业项目开发、对接，引进投融资等服务；

（七）能够积极协调相关部门，协助创业者申请扶持资金，享受创业优惠政策和其他扶持政策。

第六条　各类型创业孵化基地认定标准：

（一）市场型孵化基地。要求基地面积不少于600平方米，地理位置适宜，市场经营项目相对专业化，有不少于30个相对独立的经营单位，有专门的市场管理机构和管理制度。

（二）门面型孵化基地。要求方便消费者、地理位置相对适宜，由不少于20个独立经营的门面集中组成，每个门面不少于15平方米。

（三）加工型孵化基地。以集中培育年营业收入200万元以下的生产加工型小微企业为主，入驻企业不少于10家，吸纳就业总数不少于100人。

（四）楼宇型孵化基地。要求总面积不少于600平方米，有独立办公室，有20个以上独立经营的创业者入驻。

（五）园区型孵化基地。由政府集中统一规划，入驻的创业实体数量、吸纳就业人数均达到一定规模，在提供孵化服务、培育创业项目方面已形成产业集群效应的工业园区、农业园区、高新技术园区、大学科技园区、小企业孵化园等。

第七条　创业孵化基地的申报

创业孵化基地运营管理机构向所在地新城人力资源和社会保障部门提出书面申请，具体包括下列材料：

（一）《创业孵化基地认定申请表》；

（二）证明运营管理机构或孵化基地为独立法人机构的相关材料、主要负责人身份证复印件，孵化基地不是独立法人机构的，还应提供说明孵化基地与运营管理机构法律关系的相关材料；

（三）孵化基地生产经营场所及相应的道路、供电、供水、消防、通信、网络等生产经营基础配套设施基本情况；

（四）房产证或与产权所有人5年期以上租赁合同等相关证明；

（五）为符合条件的孵化对象（创业者）创业提供低租金或免租金，低收费或零收费的场地费用方案及创业者与孵化基地签订的书面创业孵化协议复印件；

（六）管理服务团队情况，循环孵化功能解决方案。

第八条　创业孵化基地认定

（一）申报单位向人力资源和社会保障局提出申请，申请材料齐全的当日受理，申请材料不齐全或不符合法定形式的，待材料补充完整合规时正式受理。

（二）人力资源和社会保障局自申请受理之日起15个工作日内，联合财政局完成对提交材料的审核及实地考察工作，人力资源和社会保障局主要考察申报单位内部管理制度的完善性、服务团队的专业性、运营机构资质合法合规性等软硬件条件，财政局主要考察申报单位财务管理的规范性。

（三）人力资源和社会保障局、财政局实地考察结束后，10个工作日内作出考察意见。

（四）审查通过后，人力资源和社会保障局下发认定批复，正式授予“西咸新区沣西新城XX（机构）YY（特色业务）创业孵化基地”牌子，并上报西咸新区人力资源和社会保障局备案。

第九条　创业孵化基地认定有效期限为3年，3年后由单位重新申报创业孵化基地的认定。

第十条　人力资源和社会保障局根据创业孵化基地日常考核情况，对规模较大、创业孵化机制良好的创业孵化运营管理机构，择优向西咸新区推荐，申请西咸新区创业孵化基地授牌。

第三章　创业孵化基地的孵化管理

第十一条　创业孵化基地运营管理机构负责创业孵化基地的日常管理，新城人力资源和社会保障局负责按要求会同财政部门落实扶持政策，引导创业孵化基地良性发展。

第十二条　入驻创业孵化基地的创业实体应具备以下条件：

（一）进行工商注册登记，产权明晰，自主经营，自负盈亏；

（二）符合条件的拟创业者须参加创业培训经考核合格，并有明确的、经评估可行的《创业计划书》；已创办的企业、个体工商户的注册登记时间应不超过 3 年，上年营业收入不超过 200 万元；

（三）注册登记地及办公经营场所在创业孵化基地内，接受创业孵化基地的统一管理。

第十三条　入驻创业孵化基地的程序

（一）创业人员向经新城人力资源和社会保障部门、财政部门认定的创业孵化基地提出申请。

（二）创业孵化基地经过评审同意入孵后，与创业人员签订入孵协议。

第十四条　入驻创业实体在创业孵化基地孵化的时间一般不超过 3 年。入孵企业存在下列情况之一的，作为自动退出孵化基地处理：

（一）有转租现象的；

（二）实际经营者与工商营业执照法人代表、经营者不符的；

（三）经营地址与工商营业执照地址不符的；

（四）违反法律、法规，造成恶劣影响的；

（五）其他严重违反孵化基地规定的情况。

第四章　创业孵化基地考核评优

第十五条　创业孵化基地的考核

（一）创业孵化基地实行季度情况报告制度。各孵化基地从通过认定起，按季度报送工作情况，并提供孵化企业信息表、孵化成功企业信息表和退出企业信息表。

（二）创业孵化基地实行不定期检查制度。人力资源和社会保障局根据工作需要，不定期对创业孵化基地运行情况进行实地检查，发现问题限期督促整改。

（三）创业孵化基地实行年度考核制度，每年年底人力资源和社会保障局联合财政局对新城认定的所有创业孵化基地进行考核评估，并通报考核结果。

第十六条　创业孵化基地的评优

（一）评选“创业带头人”。人力资源和社会保障局年度定期在入驻认定孵化基地自主创业人员中评选若干“创业带头人”，评选条件如下：

1. 在孵化基地正常经营1年以上。

2. 遵纪守法，诚实守信，拥护党的领导，自觉践行科学发展观。

3. 具备良好的品德和公众形象，热心慈善公益事业，积极承担社会责任，事迹突出，在个体创业者中具有较强的带动性、导向性和示范作用。

4. 创业业绩突出，社会公认度高，创业项目符合国家产业政策和新城经济发展要求，有一定的投资经营规模和良好的市场前景。企业管理规范，制度健全，经营环境优良，服务高效优质，对新城经济社会发展具有一定影响，能起到模范表率作用。

5. 积极吸纳失业人员就业，按规定与员工签订劳动合同，参加社会保险，切实维护员工的合法权益。

（二）评选“创业孵化示范基地”。人力资源和社会保障局年度定期在新城认定的创业孵化基地中评选“创业孵化示范基地”，评选条件如下：

1. 以规范化、标准化运作，发挥孵化和带动就业功能成效显著的创业孵化基地。

2. 创业孵化基地规范发展，有完整的规划布局和具体实施方案，创业孵化基地设施配套、功能齐全。

3. 创业孵化基地管理服务机构完善。有管理服务机构和专职管理人员，能够为初创企业提供信息、咨询等指导服务，提供法律、会计（税务）代理、管理咨询、融资指导、政策信息、技术支持等综合服务。

4. 创业孵化基地经济效益和社会效益较为突出。企业投资项目和产品符合国家产业政策和新城发展需求，吸纳就业能力较强，入驻企业与就业人数呈逐年增长态势，对新城经济发展起到助推作用。

5. 创业孵化基地开展工作有较强的主动性。能按时上报季度工作情况和各类信息，积极配合年度考核工作和新城其他工作。

6. 重视劳动安全，无重大安全事故发生。

第十七条　人力资源和社会保障局建立新城创业孵化基地信息登记制度，对各创业孵化基地经营实体的基本情况、经营状况、入孵企业情况、考核及评优情况等信息予以登记和跟踪服务。

第十八条　对于不符合创业孵化基地标准和条件或存在下列情况之一的创业孵化基地，人力资源和社会保障局要收回其新城孵化基地授牌：

（一）孵化基地违法违规经营，或孵化对象违法违规经营，造成恶劣影响的；

（二）孵化基地被孵化对象投诉三次，经查实拒不整改的；

（三）不能按照书面创业孵化协议为孵化对象提供服务的；

（四）孵化成功率低于50%的；

（五）不按时上报工作情况或上报虚假信息的；

（六）不配合进行年度考核或考核过程中弄虚作假的。

第五章　资金扶持

第十九条　对创业孵化基地的资金补贴

（一）补贴类型及标准

根据创业孵化基地年度孵化创业实体数量和吸纳就业人数，结合创业孵化基地为入驻创业实体减免费用的情况，每孵化一户创业实体（在孵时间超过6个月），最高给予3000元/年的设备购置补贴，300元/年的设备维修补贴，2000元/年的运营管理补贴，每户创业实体带动3人及以上就业的（以劳动合同为准），以上三类补贴标准可适当增加，每户增加金额分别不超过200元/年。

（二）补贴的申请

创业孵化基地于每年11月1日至11月30日向新城人力资源和社会保障部门提出补贴申请，申请材料包括：

1.《××年度创业孵化基地补贴申请表》；

2.《××年度入驻创业实体基本信息登记表》；

3. 入驻创业实体与孵化基地签订的书面创业孵化协议复印件；

4. 入驻创业实体的营业执照、税务登记证复印件；

5. 人力资源和社会保障局、财政局要求的其他材料。

（三）补贴的审批

创业孵化基地补贴申请由新城人力资源和社会保障局受理，并会同财政局根据创业孵化基地补贴标准核定后拨付。

（四）对创业孵化基地的补贴资金统一从新城就业专项资金中列支，补贴资金总额不超过当年就业专项资金总额的5%。

第二十条　对创业者的资金补贴

（一）补贴条件及标准

持有《就业创业登记证》的下列就业困难人员自主创业的，在其办理工商营业执照后，给予每人2000元的一次性创业补贴：

1. 法定劳动年龄内的家庭人员均处于失业状况的城市居民家庭成员；

2. 距法定退休年龄十年以内的登记失业人员；

3. 连续失业一年以上的登记失业人员；

4. 毕业后超过半年未实现首次就业的大中专院校毕业生；

5. 失去土地的被征地农民；

6. 失业的残疾人；

7. 未就业的城镇退役军人和军烈属；

8. 需要抚养未成年人的单亲家庭失业人员；

9. 省人民政府确定的其他就业困难人员。

（二）补贴的申请

符合享受一次性创业补贴条件的就业困难人员，由其所入驻的孵化基地统一向新城人力资源和社会保障局进行补贴申请，申请材料包括：

1. 沣西新城一次性创业补贴申请表；

2. 补贴个人身份证、户口本原件及复印件；

3. 《就业创业登记证》原件及复印件；

4. 创办企业工商营业执照原件及复印件；

5. 毕业证原件及复印件（毕业后超过半年未实现首次就业的人员）；

6. 其他相关证明材料，“残疾人”提供相应残疾证明；“零就业家庭”“抚养未成年人的单亲人员”开具居住所在地社区证明，“抚养未成年人的单亲人员”还需提供离婚证原件和复印件；“军人”“军烈属”提供军人证或军烈属证明。

（三）对创业者的资金补贴，由人力资源和社会保障局审核同意后拨付。

（四）针对创业者的补贴资金统一从新城就业专项资金中列支。

第六章　附　则

第二十一条　本细则由新城人力资源和社会保障局负责解释。

第二十二条　本细则自发布之日起施行。

结束语

城镇化是国家现代化的核心标志，是拉动内需的主要抓手，对全面建成小康社会具有重大意义。党中央、国务院高度关注，先后出台了《国家新型城镇化规划》《国务院关于深入推进新型城镇化建设的若干意见》，对全国城镇化工作作出了部署。几年来，获得了很大进展，同时也存在一些问题。

同时，近年来国内外经济形势发生较大变化，中国进入经济新常态阶段。以互联网为标志的技术革命突飞猛进，社会需求从大众消费转为个性特色消费，这些都呼唤传统产业创新，为同时跨越第一产业、第二产业、第三产业的农业提供了发展的历史机遇。中央适时提出了“大众创业、万众创新”的国家新战略，为新型城镇化推进提供了新思路、新方法，并出台了多项政策。

在党中央、国务院的领导下，各地围绕双创驱动城镇化展开了多项实践，突出表现在以“一、二、三产联动”为特征的农村产业创新、以“农民创业”为主的主体创新、以“产业小镇为突破口”的载体创新，并通过制度创新给予保障。西咸新区在这方面进行了全面深入地实践和探索，初步形成了以产业创新为核心、以主体创新为源泉、以载体创新为支撑、以制度创新为保障的西咸双创驱动城镇化模式，值得全国各地借鉴参考。

本书希望通过对双创驱动城镇化的机制、方法和路径等的详细分析，以及对全国各地双创驱动城镇化典型案例具体做法的介绍，给全国各地新型城镇化建设工作提供一些借鉴。

当然，双创驱动城镇化是新型城镇化进程中涌现出来的新现象，而且正在不断深入地实践之中。本书由于时间仓促，不足之处在所难免，请读者指正。

参考文献

1. 李铂榕．中国城镇化建设模式．北京：国家行政学院出版社，2013年2月第2版．

2. 陈文魁．城镇化建设可持续发展．北京：国家行政学院出版社，2013年4月第1版．

3. 刘锋，杨晓东，黄斌．旅游驱动新型城镇化．北京：中国工人出版社，2014年12月第1版．

4. 王伟光，魏后凯，张军．新型城镇化与城乡一体化．北京：中国工人出版社，2014年12月第1版．

5. 肖金成．城镇化与区域协调发展．北京：经济科学出版社，2013年3月第1版．

6. 住建部城乡统筹课题组．农村产业创新研究报告，2015年．

7. 丁静．中国新生代农民工市民化问题研究．学术界，2013年第一期．

8. 尹建军．新农村背景下小城镇发展研究．华中师范大学学报，2012年5月．

9. 杨万江．食品安全生产经济研究．北京：中国农业出版社，2006年10月第1版．

10. 郭书田．中国农村改革开放经历回顾．北京：中国农业出版社，2008年9月第1版．

11. （加）加里斯·摩根．驾御变革的浪潮．北京：中国人民大学出版社，2002 年 1 月第 1 版．

12. 常立农．技术哲学．湖南：湖南大学出版社，2003 年 6 月第 1 版．

13.（美）克里斯滕森，安东尼，罗恩．远见——用变革理论预见产业未来．北京：商务出版社，2006 年 6 月第 1 版．

14.（美）约翰松．美第奇效应：创新灵感与交叉思维．北京：商务印书馆，2006 年 3 月第 1 版．

15. 傅家骥．技术创新学．北京：清华大学出版社，1998 年 11 月第 1 版．

16. 李钟文．硅谷优势——创新与创业精神的栖息地．北京：人民出版社，2002 年 1 月第 1 版．

17.（美）F. M. 谢勒．技术创新：经济增长的原动力．北京：新华出版社，2001 年 2 月第 1 版．

18.（美）佛罗里达．创意经济．北京：中国人民大学出版社，2006 年 6 月第 1 版．

19. 林毅夫．制度、技术与中国农业发展．上海：上海人民出版社，2005 年 10 月第 1 版．

20.（韩）金世暎．创新者．北京：经济科学出版社，2007 年 7 月第 1 版．

21.（美）菲利普·A. 劳塞尔．第三代研发．北京：机械工业出版社，2004 年 1 月第 1 版．

22.（美）威廉·米勒．第四代研发——管理知识、技术与革新．北京：中国人民大学出版社，2005 年 5 月第 1 版．

图书在版编目（CIP）数据

双创驱动新型城镇化：陕西西咸新区发展模式研究/贺凤娟著.—北京：中国工人出版社，2016.5

ISBN 978-7-5008-6402-8

Ⅰ.①双… Ⅱ.①贺… Ⅲ.①城市化－研究－陕西省 Ⅳ.①F299.274.1

中国版本图书馆CIP数据核字（2016）第095698号

双创驱动新型城镇化：陕西西咸新区发展模式研究

出 版 人	芮宗金
责任编辑	安　静
责任校对	赵贵芬
责任印制	栾征宇
出版发行	中国工人出版社
地　　址	北京市东城区鼓楼外大街45号 邮编：100120
网　　址	http://www.wp-china.com
电　　话	（010）62350006（总编室）　（010）62005039（营销出版部） （010）62382916（职工教育分社）
发行热线	（010）62005996　（010）82075964（传真）
经　　销	各地书店
印　　刷	北京睿特印刷厂
开　　本	710毫米×1000毫米　1/16
印　　张	15
字　　数	220千字
版　　次	2016年5月第1版　2016年5月第1次印刷
定　　价	52.00元